관계 정리가 힘이다

整理人际关系，一杯咖啡的时间就够了

［韩］尹善铉 著　千太阳 译

天地出版社 | TIANDI PRESS

图书在版编目（CIP）数据

　　整理人际关系，一杯咖啡的时间就够了 /（韩）尹善铉著；千太阳译. —成都：天地出版社，2020.8（2021.3 重印）
　　ISBN 978-7-5455-5692-6

　　Ⅰ.①整… Ⅱ.①尹… ②千… Ⅲ.①人际关系学—通俗读物 Ⅳ.①C912.11-49

　　中国版本图书馆 CIP 数据核字（2020）第 080908 号

Copyright © 2014 by Yoon Sun-hyun（尹善铉）
All right reserved.
This Simplified Chinese edition was published
By Beijing Huaxia Winshare Books Co., Ltd. In 2020
by arrangement with Wisdomhouse Inc. through Youbook Agency, China
本作品中文简体版权由韩国WISDOM HOUSE出版社经由玉流文化版权代理独家授权。

著作权登记号　　图字：21-2016-214

ZHENGLI RENJI GUANXI, YI BEI KAFEI DE SHIJIAN JIU GOU LE

整理人际关系，一杯咖啡的时间就够了

出 品 人	杨　政
作　　者	（韩）尹善铉
译　　者	千太阳
责任编辑	王　絮　沈海霞
封面设计	古涧千溪
内文排版	冉冉工作室
责任印制	葛红梅

出版发行	天地出版社
	（成都市槐树街2号　邮政编码：610014）
	（北京市方庄芳群园3区3号　邮政编码：100078）
网　　址	http://www.tiandiph.com
电子邮箱	tianditg@163.com
经　　销	新华文轩出版传媒股份有限公司

印　　刷	北京文昌阁彩色印刷有限责任公司
版　　次	2020年8月第1版
印　　次	2021年3月第2次印刷
开　　本	880mm×1230mm　1/32
印　　张	9
字　　数	222千字
定　　价	49.80元
书　　号	ISBN 978-7-5455-5692-6

版权所有◆违者必究
咨询电话：（028）87734639（总编室）
购书热线：（010）67693207（营销中心）

如有印装错误，请与本社联系调换

: 目录 :

前言_ 人际关系是可以整理的吗 008
人际关系检测_ 你是怎样看待人际关系的 012

01 幸福人际关系的障碍

01 **关于人际关系的一切,我们早在咖啡馆里就熟知了** 017
我们为什么会在人际关系中缺乏自信·一个擅长恋爱却不擅交际的男人
我以为孤身一人也可以过得很好·让你感到痛苦的约会

02 **不再敷衍,追求真实而纯粹的情谊** 038
被传染的孤独·孤独的三要素·我不得不这样做……
拒绝交易式的人际关系·人生中最幸福的瞬间

03 **走出人际关系的常见误区,寻找关系真正的价值** 060
关系的价值:老朋友并不等于最好的朋友
给联系人贴上合适的标签
人际关系的系统:常常联系等于天长地久吗
认识的人不是越多越好
把联系人拉入黑名单不够意思吗

04 **对人际关系的反思** 084
给人际关系重新下一个定义·人际关系整理的实践

02 检视当前的人际关系

05　还原本色，做最真的自己 / 101
什么样的人才会有好人缘・做最真实的自己

06　认识最真实的自己 / 107
我到底是个什么样的人・如果是你的偶像，他会怎么做

07　经营人际关系的游戏规则 / 115
找准"你的位置"・制作一张人际关系地图
你人生中的重要人物・陌生的贵人

03 大清理！以优换差，寻找让你怦然心动的关系！

08　想让每个人都喜欢你是一种强迫症 / 127
总会有人不喜欢你・滥好人情结

09　人际关系断舍离 / 134
认出吸走你能量的损友・建立人际关系中的防御系统・断与舍的技巧练习

10　建立新的人际关系 / 147
好人脉不一定在远处・锁定目标！谁是你期待遇到的人・寻找共同点
赴约前做好准备・如何在别人面前表现得更轻松自在
聪明的人总是让别人成为中心・凡事贵在坚持

04 每天只需 15 分钟的超级关系整理法

11 整理完毕后的联系人 167

"辞旧迎新"：第一步是整理 · 认真填写每一个联系人的信息
已经断掉的人际关系，有必要重新连接吗 · 文字信息的表达效果
学会广结善缘：介绍朋友圈里的人互相认识

12 当下的这一刻才是最宝贵的 178

把握当下，立刻行动 · 养成好习惯！制作每周人际关系行程表
年终人际关系回顾 · 每天 15 分钟，打造更亲密的关系
新体验带来的机会 · 享受工作之余的聚会

13 场所的力量 198

来自空间的力量：寻找最佳约见地点 · 秘密基地：寻找可以留下美好回忆的地方
主场！餐厅的选择 · 一起去旅行吧，积累共同的回忆 · 邀请你的朋友到家中做客

14 有意义的小礼物 213

小礼物的魔力：不在于价值高低，在于情感的传递 · 送对的礼物
写下自己的人脉日记 · 名片整理

15 那些温暖人心的小动作 / 234

小动作也有大效果・用肢体接触传达爱意和关心・为对方制造一个小惊喜
缩短距离的谈话・信息的互惠：用自己的长处为别人解决问题

16 社交网站的整理方法 / 254

社交网站所能连接的人脉・提高社交网站的价值・如果你还是不喜欢社交网站
如果你不喜欢群组聊天

人际关系检测 _ 人际关系手册和宣言 / 262

附录 1 _ 社交达人默默下功夫的 100 件事 / 267

附录 2 _ 职场人际关系问与答 / 276

结语 _ 人际关系从整理做起 / 282

: 前言 :

人际关系是可以整理的吗

本书的主题之所以确定为"社交关系",是因为很多读者觉得"人际关系可以整理让人觉得很新鲜","想要了解更多的内容"。我收到的来自读者的问题中"人际关系真的可以整理吗?"这个问题是最多的。通过自身的一次经历,我得到了有关这个问题的确切答案。

2013 年的一个凌晨,我收到了在济州岛生活的父亲去世的消息,虽然有些不知所措,但还是在葬礼策划师的帮助下接待前来凭吊的客人。但是,在来参加葬礼的客人中,父亲的熟人一共不到 20 个。父亲在济州岛生活了 20 多年,最后却是这样的一幅景象,这让我很受触动。

从很久以前开始,我就在通信录上编写"邀请参加葬礼的人"

的名单了。现在我已经列上了 65 个人，我的目标是凑够 150 个人。当然，我这样做并不是出于参加葬礼的人越多越好的偏见，而是为了维护好与以后会参加我的葬礼的那些珍贵的人之间的关系。文化人类学家罗宾·邓巴的研究显示，在一个人的一生中，能够与其建立起重要关系的人有 150 个。在知道了这个研究结果之后，对于我来说，这个数字就成了一个象征性的数字。在经历了父亲的事情之后，我对此变得更加笃定。

在人生的旅途中，我们不可能认识所有的人，也不可能跟所有的人都亲近起来。我们往往并不是因为数十、数百、数千人而辛苦不已，而是因为身边离我们最近的那一两个人而辛苦，这就是维系关系的困难之处。为了了解这个困难的原因和解决方法，我去找了据说在关系整理方面颇有见解的几十个人，还对将近 500 个人进行了有关人际关系的问卷调查，也翻阅了已经出版的众多有关人际关系的书籍。此外，我还与一些有需求的客户进行过一对一的沟通，终于，我发现了善于整理关系的人和在整理关系方面存在困难的人之间的差异。

在这一过程中，我发现了一个惊人的事实。与其说那些善于整理关系的人有着某些惊人之处，倒不如说他们更善于把任何人都知道的东西应用到实践中。其中最具有代表性的就是"倾听"和"好奇心"。整理好人际关系所需要的只是眼睛和耳朵而已……与别人变得亲近并不难，其实，我们在上幼儿园的时候就已经习得了这一切。如果想跟别人交朋友的话，只需要认真地倾听别人的故事，帮助别人实现他的愿望。只是，我们在长大的过程中慢慢地忘记了这个简单的方法。

其实，所谓的"整理"就是通过清空、分享、填满来得到幸福的结果的一种简单的方法。整理关系其实就是为了能够与自己喜欢的人度过愉快的时间，来决定应该在人际关系中清除哪些人，应该一起分享什么，决定用什么样的人来扩充自己的人脉，然后付诸行动而已。

实际上，想用心理学书上看到的方法来分析和处理我们在日常生活中遇到的无数关系是很难的，想应用书中所提到的无数信息、带着积极向上的心态学会倾听、多称赞他人等并不是简单的事情。因为像我们这样的平凡人，很难不对每天都迟到的下属唠叨发火，很难在各种聚会时主动与陌生人搭话，并且获取对方的好感。我们总是这样说："说起来简单……"

但是，通过整理，对手机中的联系人进行整理，对这段时间里收到的礼物进行整理，对自己的日程进行整理，我们不知不觉就会感觉到，自己对对方的想法或者对方对自己的态度正在慢慢发生改变。

在编写本书的时候，我也对自己这段时间以来形成的关系重新进行了整理。这是一项艰巨的工作，但是在将近两年的时间里，在准备这本书的过程中，在苦恼于"人们为什么会觉得关系很难整理"的过程中，我自己也发生了很多变化。我重新看了一遍自己手机里的 5200 个名字，也重新看了一遍网上的朋友目录，回忆了一下与他们一起度过的时光。同时，我也与好久不联系的一些人重新取得了联系。

虽然这并不是什么巨大的变化，但还是请你迈出人际关系整理的第一步，相信不久你就会觉察到生活的变化。我希望读者在看过这本书后能够发现怦然心动的有效社交，只要努力就可以重新打造出新的关系。

: 人际关系检测 :

你是怎样看待人际关系的

| 舒适指数 |

☐ 自己独处的时候最舒适。
☐ 与别人见面的时候，非常努力地想让别人觉得自己是一个开朗、有思想的人。
☐ 不知道什么样的关系才是好关系。不就是来者不拒，去者不留吗？
☐ 突然想兜风的时候、想要喝杯咖啡的时候不知道应该找谁一起去。
☐ 坦率地说，想见的人其实也没有几个。
☐ 因为害怕受伤，所以尽量不去建立新的关系。

| 商业指数 |

☐ 如果明天就失业的话，不知道该向谁请求帮助。
☐ 遇到困难的时候，没有真心实意帮助自己或者给自己提供建议的人。
☐ 遇到不懂的问题时，没有可以询问的人，只能自己解决。
☐ 即使遇到一个很好的人，也不知道接下来应该怎样与他联系。
☐ 对于因为工作结识的人来说，只要把自己负责的工作做好就行。
☐ 公司或者组织内部没有跟自己站在同一边的人。

| 整理指数 |

☐ 有一些人其实并不想见，但是因为义气不得不见。
☐ 见面之后虽然没话可说，但在一起的时间越久越是好朋友。
☐ 实在是不知道应该怎样断绝与别人的关系。
☐ 有人要求见面的话就去见面，没有讨厌的人，也没有喜欢的人。
☐ 因为不知道应该谈论什么程度的敏感问题，不知道应该接受什么程度的请求而苦恼。

| 系统指数 |

- [ ] 去赴约的时候，属于不会做任何准备的人。
- [ ] 与别人有约定的时候，不在意哪里见面，也不在意吃什么。
- [ ] 不会单独对联系方式和名片进行整理。
- [ ] 对于什么时候联系别人、怎样联系别人，没有特别的规则和习惯。
- [ ] 没有使用社交软件的独特规则，也不关心，随意写一些内容，或者什么都不写。
- [ ] 有符合我性格的处理人际关系的方法吗？
- [ ] 总是与相似的人见面，说一些相似的故事，然后分手。

测验结果

1 个 ~ 6 个：关系达人

你是关系的真正主人。希望你可以对周围的人产生更深刻的影响，为别人的关系整理提供帮助。

7 个 ~ 12 个：关系精英

你喜欢与别人交往。只要形成符合你性格的体系，并认真整理的话，将会打造出更幸福的关系。

13 个 ~ 18 个：关系潜在型

你很想跟别人好好相处，但这不像你想的那么简单，先从整理自己人生中的 VIP 开始吧。

19 个以上：关系放弃型

你没有要见的人，也没有想见的人。首先从整理联系方式开始吧。把讨厌的人从联系人名单中删除，把喜欢的人放到常用联系人名单中，如此一来你将会产生开始一段新的关系的欲望。

01 幸福人际关系的障碍

01

关于人际关系的一切，
我们早在咖啡馆里就熟知了

人际关系是一种选择，

是一种可以通过学习而得到的结果。

——约翰·麦斯威尔

这里有两杯咖啡，一杯是热美式，一杯是冰拿铁。现在假设你是热美式，而冰拿铁是一位你很想接近的人。

当你初识冰拿铁时，心里就会打鼓："哇！他怎么可以这样冰凉！那又细腻又绵柔的奶泡真是让我想尝试一番！"这时，对方也感受到了你的魅力："温暖又优雅高贵的棕黑色泽真是不赖！我要不要再靠近看看呢？"

但就在这时，你却又陷入烦恼之中："要是他认为我太烫怎么办？再加上一身的黑……应该没人会喜欢的吧。这年头还有人喝黑咖啡吗？"于是，你飞快地添了两块冰和两匙奶，并加以搅拌，变成了一杯不温不火、颜色浑浊的咖啡。"你……你……你好,我是加了冰块和奶的热美式。"只是,冰拿铁满脸失望,简单和你打了个招呼便匆匆忙忙地消失了。

这时,你在想:"果然热美式没什么人气了啊。没有人想来找我,算了,反正人生是孤独的。"

以上,正是我们在人际关系中最常见的情景。

我们为什么会在人际关系中缺乏自信

在筹划关于人际关系的书稿时，我拜访了许多人。"什么样的人会因为人际关系而感到充满压力又头疼呢？"怀着这样的好奇，我接触了许许多多不同类型的人，包括在咖啡馆里认识的人、社交软件上相识的好友、在接受教育的普通在校生等，只要是在处理人际关系上觉得吃力的，我都认真听他们诉说并与他们进行对话交流。

起初，我以为在人际关系方面感到吃力的，会是些平常处事过于小心翼翼或说话声音很小的人。但实际上找上门来的大多数与之相反，从看起来热情开朗的大学生、一年到头都很繁忙的上班族、性格开朗的营业人员，到常年与邻居街坊谈论鸡毛蒜皮小事的家庭主妇。这些人是拥有截然不同的性格与职业的群体。他们多数心地善良，虽然不擅长拒绝，在人前不知所措、坐立难安，但也实实在在地热爱着自己的生活与所做的事，也有着其自身的魅力。可令人奇怪的是，他们都拥有一副在人际关系中极度缺乏自信的样子。

"老师，如果我拒绝别人，别人会讨厌我吧……该怎么办呢？"
"我觉得我的问题是声音太小……"
"像我这种平常不追剧的人，都不知道该和别人聊些什么啊。"

与这些朋友在咖啡馆里面对面地坐着,看着他们如此不知所措的样子,我突然很奇怪地有了这样的念头:

- "咖啡可以亲自挑选中意的口味,为什么朋友就不行呢?"
- "既然都明白热美式与冰拿铁本来就不能相提并论,为什么还总要拿自己与别人相比呢?"
- "因为清楚反式脂肪有害身体,可以要求店员不要加奶精,为什么不能拒绝同样对你有害无益的损友呢?"

这样看来,我们每个人难道不是早就知道了该如何建立、断绝和维护人际关系了吗?也正是基于这样一个小小的疑问,我扭转了这本书的整个写作方向。

你根本无须重新学习一套关于处理人际关系的方法,你只要能做到在咖啡馆点一杯不加奶精的摩卡就足够了。你所需要学习的,只是把咖啡馆里那一套简简单单的小哲学活学活用到处理人际关系上。

可以说,关于人际关系的一切,你早在咖啡馆里就熟知了。

一个擅长恋爱却不擅交际的男人

我是一个擅长恋爱却不擅交际的男人。虽然这话现在说起来没人相信，但我确实是个在农村长大的非常内向的孩子。我记得每次新学期开学时，我都吃不下早饭，忧心忡忡地拖着沉重的步子来到学校。和曾经熟识的朋友打过招呼后，我就等待着老师重新分配班级。和之前认识的同学分到一个班我才会觉得安心，如果独身前往一个全新的班级，马上就会焦虑不安，心跳加快。中午的便当该找谁一起吃？要是被其他同学合伙欺负怎么办？这种令我不安的想法没有如我所愿在上高中时就消失，而是一直伴着我进入了社会生活。这是我万万没想到的。

在 26 岁那年，我正式进入了职场，因为性格太过内向，又没什么工作经验可言，这种对我来说完全陌生的职场人际关系无疑是不可逾越的鸿沟。那时，有些同事会没来由地讨厌我。我甚至还会无缘无故地被上司劈头盖脸地训一顿，而我则一头雾水，找不出原因。

为了不再继续这样，我曾鼓起勇气向公司里的前辈们请教"怎样才能融入这个工作人际圈"，得到的回答基本都是些让我摸不着头脑的说辞。

"上司嘛，都喜欢会来事儿的员工。""你啊，千万不能暴露你的缺点，不然一来二去，对方就会给你贴个大标签。""你确定有必要和公司里的人搞好关系？反正早晚都是分道扬镳，到时候谁还记得谁啊。""就表现得积极点喽，不管什么事情都说'没问题'的热血青年谁会不喜欢？""少说多听，坐在一边儿点头附和是必杀技。"就这样，每个人似乎都拥有一套妙招，众说纷纭，到底什么才是最靠谱儿的呢？对初入职场的我来说，这一切都显得如此艰难。

这时，我开始了人生中的第一次恋情。她是比我年长6岁的公司前辈，有一头柔顺的长发，大方爽朗，有自己独特的穿衣风格，皮肤白皙。她是一个不光办事果断利索，人际关系也如鱼得水的闪闪发光的人物。

向她告白是在一个极其平常的下班的路上，我没多加考虑，开玩笑似的问道："前辈，我可以喜欢你吗？"那时的我，还是个刚进城的农村孩子，只是单纯地担心自己爱慕对方的心思被发现，给彼此造成心理负担，于是才选择以这样的方式抢先开口。那天，前辈听完我的告白，一句话也没说，就像往常一样消失在地铁站的人潮中，我以为事情就这样不了了之了。没想到，第二天，前辈像是思考了一夜，一脸认真地出现在了我的面前，并轻轻地握住了我的手。我的初恋就这样开始了。

从此，那些对于别人来说难于上青天的恋爱，对我来说却变得容易起来。也就是说，我喜欢上的人，到最后也都会喜欢上我。就连那些不怎么好笑的冷笑话，只要是我不经意间说出来，对方也会盈盈一笑。面对这样的状况，我不禁好奇起来，为什么恋爱这么轻松，职场人际关系却让我头疼呢？

过了一两年，在职场摸爬滚打积累了不少经验之后，我才知道了问题的答案。在过去的恋爱和职场中，我的态度是截然不同的。我从来没想过用谈恋爱的态度去面对职场生活。仔细想想，对待恋人和对待上司的方法是一样的，恋爱技术与职场生存技能其实也是如出一辙的。在想通了这一点后，我才惊讶地发现，原来，这么长时间以来，我最擅长和最不擅长的竟然一直是同一件事⋯⋯

在职场生活中，我总是单方面考虑自己，而忘记了关系的建立是由双方促成的。在被批评时，要做何反应？迟到时，该编个什么样的理由来掩盖过失？要怎样才能在职场中变身为一个富有魅力的人气王？就这样我不停地想着此类问题，苦苦寻求办法来让别人这样或者那样看待我、对待我。谈起恋爱就完全不一样了，我清楚地知道自己的定位，自认为是个十足的普通人。就算对方只是稍微与我交好，我也会满怀感激之情，高兴得不得了。这样一来，我会自然而然地、真心真意地付出，并且根本没想过要从对方身上得到什么好处。

人际关系说复杂就复杂，说简单也简单得不得了。要记住，这永远不是你单方面付出与接受的独角戏，而是一场双方有来有往的演出。人际关系不能强求，要以更多地了解对方、想与对方约个时间见面、想认认真真地为对方做些什么可爱的小事为开始，像颗种子一样，慢慢地自然地茁壮成长。

现在想想，当初我处在人际关系的瓶颈时期时，我不禁告诉自己，只要搬出我最拿手的那一套恋爱法则，事情不就可以迎刃而解了吗？正如人生中其他许许多多的事情一样，走了许多路想要寻求答案，最后却发现，它一直在离你最近的地方。原来，我们一直都知道人际关系该如何经营下去，只是我们自己尚未发现。

> 人·际·关·系·小·诊·室

在美剧《犯罪心理》（Criminal Minds）中，年纪最小的高级特派探员瑞德虽然是智商187的天才，在异性面前却腼腆无措得像个孩子。有一回，瑞德有了一个心仪的姑娘，却迟迟不敢搭讪，最后以"情圣"著称的摩根实在看不下去了。

摩根：瑞德，你会在什么时候感觉自信心爆棚？
瑞德：嗯……面对超难的数学证明的时候吧。
摩根：有没有更接地气点儿的？
瑞德：哦，那大概是……变魔术的时候。
摩根：非常好。我要你现在就走过去，就像你变魔术时一样。

起初，瑞德略显尴尬，但是没过多久，他就真的自信起来，似乎刚进行完一场精彩绝伦的魔术表演。他开始与那位心仪的漂亮姑娘聊起了天，站在远处观望的摩根也露出了笑容。

你呢，在什么时候会觉得浑身上下都充满着自信的力量？写企划报告，模仿艺人，还是骑自行车？不管是什么时候都没有关系，请认真地挑选出一样，并从中汲取自信的力量，进一步拓展你的人际关系吧。

- 为什么在这件事情上你如此拿手？
- 为什么在这个领域你超越了别人？
- 如果把这份自信带到人际关系中，你打算怎么做？

> **来自首尔的会计师恩静小姐，32 岁**
>
> 我觉得，我感到最自信的时候，应该是在厨房的时候。从大学时开始，我就在出租屋里生活，那时我常常做饭，当时只是觉得很有趣。当然，刚开始我也难免做过很多失败的料理。最夸张的一次是，我在做煎饼时为了翻面，竟把煎饼直接抛到了天花板上。不管有多忙、多疲惫，我还是每天最少给自己烧上一个菜。就这样，10 年过去了，现在，不管是烧什么菜都难不倒我了。仔细想想，在人际关系方面，我似乎从没有像这样坚持不懈地付出过时间与努力。因为害怕对方以后会断了与我的联系，我连联谊会都不愿参加。在今后的日子里，我一定会坚持不懈地努力下去，勇敢地迈出第一步。

我以为孤身一人也可以过得很好

在答应美燕小姐和她面对面谈话之后，我先翻了翻她的 Facebook（脸书），发现那里记录着很多她发泄式的孤独情绪，写满了类似"今天，也是一个人配一杯马天尼""只想一个人静一下"之类的句子。她发布的也都是些灰蒙蒙的，让人莫名感觉悲伤的照片。而最近三个月，她则销声匿迹，没有更新任何信息。

她这样对我说道："我常常碰到一些脸上挂着笑容的人，觉得他们真的幼稚透顶，他们自以为是，觉得自己活得很快活、很精彩。说白了，到最后，等他们明白人生到头来从来都只是孤身一人时，鬼才相信他们还能一直这么乐下去。"

"三个月前，我足足付出了一个月时间准备的报表到最后还是搞砸了，这不是我一个人的问题。说起来，每个小组成员都应该担一份责任。那是周五的夜晚，大伙都早早离开，最后只剩下我一个人处理善后工作。就是那一瞬间，我仿佛被重重一击，深深体悟到了'孤单'带来的滋味。"

美燕小姐自认为是一个非常独立、坚强的新一代都市女性。但是心情沮丧时，她连一个给她倒酒、和她一起消愁的人都找不到。这让她难以接受："开心时没有可以分享喜悦的朋友，沮丧时也只好自己默默承受，我从没想过自己的生活会变得这样凄惨。"讲到这里，她心情非常沉重，仿佛正在掉入一个漆黑无底的深渊。我

想,美燕小姐受够了这一切,并且也下定了决心想要摆脱这样的生活。这就是她来与我见面的原因。

我们聊了许久。最后她还是决定从她非常想见却许久未见的高中同学入手来改善她的人际关系。美燕小姐的大多数高中时的朋友,都已经结了婚,做了家庭主妇,一心在家带孩子。正因为她们有着如此截然不同的人生轨迹和模式,加上各自为生活忙碌奔波,所以少有联络。

美燕小姐讲道:"说实话,我跟那些家庭主妇真的聊不到一起,她们说不到三句话就全都是关于孩子的话题,要不就是婆婆如何如何,老公又怎样怎样,要知道,我的生活里压根儿没有这些。如果是带上孩子一起参加的聚会,那些大人的大部分心思都会不约而同地放在照顾孩子上,根本没有聊天交流的工夫和氛围。"虽然听起来像是琐碎的埋怨,但我还是从美燕小姐的表情中捕捉到了她对昔日那些老友的想念,于是问她:"那你心里在期盼什么样的聚会呢?"

"我们做这样一个假设,如果你要和你的朋友约定在某家咖啡店聚会,那么接下来需要处理的事情会很多,包括挑选咖啡店的地点、调节好约见的时间还有结账的问题等。在这些事情中,你认为你最拿手、能解决得最漂亮的是哪件事情呢?"

"当然是选择一家好的咖啡店了,因为工作的关系,我知道很多非常棒的店。但是依照她们的个性和习惯,这是很难的,因为她们根本不喜欢在类似咖啡馆这种地方聚会。"

沉默了好一会儿,她又开口说道:"对了,我突然想起来,最近江南一带的 Kids Coffee Shop 似乎很受欢迎。也许可以约在这种店里见面。"

几天后,美燕小姐鼓起勇气打了邀约电话,邀请了那些一直想见的高中同窗。大家都非常意外,谁也没有想到美燕会主动联络自己。而且,她选择的地方也可以很好地解决照看孩子的问题,是个绝佳的点子。每个人都非常高兴地来赴约。美燕小姐如愿以偿地见到了许久未见的老友,度过了一个非常有趣而美好的下午。那天下午,美燕小姐在不知不觉中打开了话匣子,活脱脱像一个回了娘家的小媳妇。她的老友们，平日里大多只跟其他家庭主妇打交道，心中积压的各个方面的压力其实也不小。她们这群老朋友聚到一起，轮流照看着孩子，在轻松自在的氛围里，不知不觉就把内心深处许久不能说的、未能说的话都说了出来，大家心里都痛快了许多。这场难得的欢聚之后，我又一次翻了翻美燕小姐的 Facebook，在她的动态中，一扫往日的阴郁，就连"哭泣"的表情符号也比往日少了很多。

美燕小姐能有这样的改变，其实并非我一个人的功劳。这些年来，我认识了许多在人际交往中感到烦恼并处处碰壁的人，同时也见证了他们的改变与突破。我的结论是，一个人不管是大大咧咧的外向型，还是动不动就会脸红的内向型，都能找到适合自己的、与身边的人交际互动的方法。你明白了吧？在所有的人际关系中，决定成败的永远不是所谓的与生俱来的天赋或个性。只要你想，并且付诸行动去改善，就可以得到所期望的人际关系。别忘了，不管是冰拿铁还是热美式咖啡，都有人钟爱。

关键在于，用心才有好结果。请怀着满腔热忱，去期待并创造奇迹吧。

- 你认为你的人际关系是可以改善的吗？
- 你真的相信自己有改善人际关系的能力吗？
- 如果对以上两个问题，你的回答都是肯定的，那你下定决心从此刻开始行动了吗？

或许，对上面的三个问题你的答案都是否定的。不过没关系，毕竟这本书写到这里才刚刚开始，要是现在就能让你兴冲冲地去改变，变得热情四溢，充满斗志，那只能是天方夜谭！别急，慢慢来，请继续往下看。

让你感到痛苦的约会

你是否曾经有过类似的经历：临睡前不停告诫自己，不管第二天醒来多忙碌也一定要去运动。我记得我年轻的时候，是个超级不爱运动的人。我唯一做的运动大概就是呼吸空气了。但神奇的是，我的身材一直不胖不瘦。后来，上了年纪，不知不觉间，出现了小肚腩。再后来，见到我的人第一句话一定是："你是不是胖了？"我这才意识到，我要开始运动才行了。

神奇的是，只要是我计划好运动的那一天，一般都不会太顺利，总是要出点小状况，比如运动服还在洗衣店忘记拿回来啦，前一天把重要文件落在办公室所以早上要早点去上班处理啦，等等。总之，都是一些我意料之外的事情。这样一来，一整个上午我都会想着运动的事，同时，也会不停地告诉自己：等到午休时再抽出时间运动也是一样的。等真的到了中午，忙完了工作，狼吞虎咽地吃完午餐，又觉得刚刚吃完饭直接去运动可能会导致消化不良，对身体造成伤害。于是，再一次在纠结中拖到下午，我提醒自己：下了班，什么都不要做，直接去跑步！但巧合的是，等我真的要离开公司的时候，总会接到这样一通电话："嘿！好久不见啊！我现在就在你公司附近，今晚不醉不归，不许不来！"对方是大老远从釜山飞到首尔的朋友，在这样的状况下，我马上又会觉得，因为要运动而拒绝他的邀请真的说不过去。

而所谓的明天一直也都发生着类似的意外。这样过了几天，我才从内心深处真正意识到，这样下去永远没有尽头。于是我一咬牙、一跺脚，把朋友的邀请还有一些杂七杂八的事情统统推掉。终于，我空出了一段时间踏踏实实去做运动。完成运动后，我的心情无比舒畅。我想，那些习惯性拖延、被鸡毛蒜皮的小事牵着鼻子走的人一定会明白我所表达的意思。

要记住，拖延的后果远远比直面事实更让人痛苦。

现在的你，可能会觉得跟某人见面简直比死还难受。但如果冷静下来，理智地进行分析的话，你就会发现，其实，最让你痛苦的是你费尽心机去逃避与对方见面所消耗的那些精力。在人际关系中，逃避是最让人感觉痛苦的。要让我做比喻的话，我会说，这跟那种明知道没有可能还不断深陷其中的恋爱关系一样，都会让人感觉无比煎熬。

世彬曾经在一个大型IT企业担任美术设计的工作，是一个性情温和的姑娘。

她的上司是一个严肃、脾气暴躁的人，一直秉持铁血管理的信条管理手下的员工。他动不动就会让世彬把已经完成的设计全部重新做，并且没有一点商量的余地。以世彬的性格来说，别说是反抗，就连最简单的表达自己的立场都做不到，她只能怀着怨念默默听从。世彬常常加班加点到深夜，但工作质量完全降了一个水准，也没办法按时交差。最后的结果是招来了恶魔上司更多的辱骂。

世彬的同事，有些受不了了，早早就拍屁股走人了，而那些决定留下来的，则会抓住任何一个机会去求生存，不停地拍上司的马屁，阿谀奉承。如果世彬实在忍不住发发牢骚，或者犯了一个小错误，随时随地都会被潜伏在办公室各处的眼线抓住"小尾巴"。那些被无限扩大和夸张的"罪行"都会在第一时间进入恶魔上司的耳朵里。到后来，筋疲力尽的世彬小姐，无可奈何地选择了辞职离开，到了一个稳定的、没有那么多规矩的小规模的公司。

因为换工作，她对职场的态度发生了改变。因为不想让"专拿软柿子捏"这样的情况发生，她选择了第一时间就表明自己的原则和立场。额外的工作绝对不接，同事之间的聚餐活动也是能不去就不去。所以，世彬进公司后只参加过一次公司内部组织的迎新会，跟同事也只是在吃工作餐时偶尔聊两句，其他工作外的邀约都干脆利落地拒绝了。一开始，世彬觉得这样的生活实在是太自在、太美好了，下班不用去喝烧酒，不用顾虑时不时飞过来的"炸弹"，终于有时间安静地独自一人品尝最爱的红酒，享受一下生活。这样的情况维持了一年左右，有一次公司举办全员登山大会，规定每个员工都必须参加。看着三五成群、有说有笑的同事走在落单的自己的前面时,世彬的心情再一次难以平静。

"这真的是我向往的生活吗?因为害怕被伤害而自我封闭,拒绝所有的人靠近,结果也并不像我想象的那般美好啊。"

随后,世彬就找到了我。困惑的她想从我这里得到办法,来拯救她认为已经病入膏肓的职场人际关系。我给了她这样的建议:首先,从离你办公桌两米以内的人开始拉近关系。也就是说,改变要从那些与你距离最近,并且每天一定会见面的人做起。

世彬听从了我的建议。第二天,在像平常一样吃完工作餐后,她主动发起了邀约,请同事去楼下咖啡馆喝杯咖啡。在进行相互了解之后,那位同事还送给了她一张红酒品鉴招待券作为答谢。世彬小姐的职场生涯也从那一刻开始变得焕然一新。

"之前工作的时候,我都刻意去避免和别人的眼神接触。但是一个公司近30个人,要做到这一点真的是太困难了。我无时无刻不在小心翼翼。上了班就飞奔到自己的小隔间里埋头做事,中午饭狼吞虎咽,吃得飞快,连买一杯咖啡都不会去公司一楼的咖啡馆,怕碰到同事,而是会跑到距离公司一百米开外的咖啡店。其实现在想想,真的无法理解自己当时的心理。那句简单的'嗨,我也来买杯咖啡提提神'竟然那么难以说出口。"

其实,只需要多花一点点心思,人际关系就会发生转变。年轻气盛的时候,我们都有未经打磨的棱角,总是那么容易擦枪走火,与周围的人发生争执、冲突。但随着时光流逝,年纪稍微大一点,就会懂得其中的分寸，学会怎样心平气和地处理人际关系，就不会那么容易因为人际关系的纷争而受到伤害。早上见面一句早安，午餐时多给对面的人一个微笑，闲下来的时候多和别人坐在一起喝喝咖啡，共度时光，你就会发现，在你不由自主地融入这些细节之中，并开始享受它们的时候，身边的好友也会渐渐多起来。

自始至终都会有人固执地认为，一定要有个天翻地覆的改变才有可能挽救糟糕的人际关系。每每读起那些类似如何创造完美人际关系的八条法则之类的书，都会让你深切地感到，以现在的性格哪怕回炉重造、从头活一遍都不可能做到的挫败感。其实，我们一直在这样的教育环境中长大，从小就听到"要善良""要礼让朋友"这样的教导。其实，现在的你所感到的存在于自身的缺点和不完美也是自然而然形成的。

现在，让我们回顾一下本书一开始说到的热美式和冰拿铁的故事。为什么冰拿铁会离开热美式呢？换一个角度说，如果你面前有一杯热美式和一杯冰块与奶精微妙组合而成的拿铁，你会选择品尝哪一杯呢？

通常我们会更容易感受到一杯来自温暖的热美式的魅力。带着微微的苦味却有沁人心脾的厚重感，还有跳动在舌尖的咖啡香，是一种总能让人心头荡起愉悦感的咖啡。而冰拿铁也有自身的魅力。在炎炎夏日喝下那微甜又冰凉的一口，浓浓的奶香与咖啡香完美融合，让人一口接一口根本停不下来。但是，如果温暖的热美式以为，只要加上一些冰块和牛奶就可以变成拥有清凉和炙热、甜蜜又醇厚的咖啡，这种想法是不可能实现的。最终，它反而变成了一杯毫无特色、让人感到莫名其妙的棕色的水。

当我费尽心机把自己包装成一个办事老练的都市男的时候，我并没有想象中那样魅力四射。相反，当我嘴里蹦出几句家乡话，与身边的朋友吐露真心的时候，我才真切地感受到与身边的人缩短了距离。可以说，当你真正做你自己时，才是最有魅力的。

- 你是一个什么样的人？
- 你想成为一个什么样的人？
- 最适合你以及让你幸福的人际法则到底是什么样子的呢？

以上这三个问题我都会在本书中为你解答。

> 人·际·关·系·小·诊·室

　　假设一天早上，你一觉醒来，发现自己成为世界上最有魅力的人。你所遇到的每一个人都很喜欢你、珍惜你并且愿意跟随你。

　　每天早上与你相见的门卫大叔都会对你眨眼；平时爱唱反调的公司后辈嘴角都会不自觉地上扬，为你倒一杯咖啡主动示好；一向唠叨你的老妈会在电话里对你说："如果是你的话，一定没问题！"就这样，请想象你周围的人际关系既完美又美好。

- 在以上情境中你最在乎哪一种关系？
  - _____
  - _____

- 你会因为什么样的事情而感到心动、悲伤或感动？
  - _____
  - _____

02

✉ >>> **生活在黑石洞的 33 岁的家英小姐的故事**

我最在意的是婆媳关系。虽然婚姻生活已经持续了一年,但与婆婆还是感觉非常生疏。也许是很小的时候妈妈就去世的缘故,我对如何处理这类关系一点自信都没有。身边的人都劝我就像对待自己的妈妈一样对待她就好了,但事实上这很难办到。于是我努力想象如果妈妈还在世,我会如何与她相处。我开始与婆婆一起去超市、一起去按摩店。那期间,我时不时想起在天堂的妈妈,心里会泛起一丝涟漪。对比之前因为害怕、尴尬都不去看望婆婆,连电话都很少打一通的我,现在想来,一切焦虑都来自我的想象而已。如今的她,好像真的变成了我的妈妈。

02

不再敷衍，
追求真实而纯粹的情谊

没有人是一座孤岛。

——约翰·多恩

在我开展关于"人际关系整理"这个主题课程的时候，时常会听到两种声音，一种认为"这正是我所需要的，真没想到能学到这么实用的方法"；还有一种声音说"平常整理资料都忙死了，哪有时间整理人际关系？工作已经够让我烦躁的了"。我私下里约了那些认为没有必要整理人际关系的人，然后把他们的想法进行了细分，主要有以下三类。

- 认为在整理人际关系中付出的努力与回报不成正比。
- 工作繁忙，实在没有精力整理人际关系。

- 之前在人际关系中受过伤,从此对人不再抱有期待。

"我对现状挺满意的,真的不再需要别人了。""我的状况大家都心知肚明,谁会想和我亲近呢?""人类原本就是孤独的生物,不是吗?""只要有钱、有地位,人际关系就会自动生成。"这些都是他们挂在嘴边的口头禅。不管出于什么理由,低估人际关系给人带来的幸福感,对任何人来说,都是一件可悲的事。

被传染的孤独

美国芝加哥心理学教授约翰·卡乔波是一位专门研究孤独感的专家。他的研究表明,在美国有 40% 的人被孤独感困扰,而这个数据在过去短短 30 年的时间里翻了两倍。也就是说,打开手机通信录,每 10 个美国人里面就有 4 个人感到孤独。

更让人惊讶的是,这种孤独感正在像热伤风一样慢慢传染给周围的人。约翰·卡乔波指出:"孤独感已经成为一种社会现象,并且像病毒一样在人与人之间传播。"他所组织的研究小组曾召集 5200 位来自弗雷明汉的志愿者,对孤独的情绪与心脏病发病之间是否存在必然的联系展开了研究,那些志愿者的家属和朋友也参与到了实验当中。研究结果表明,一个有孤独感的人会在 2 年内把那种孤独的感觉传染给关系最亲密的人。例如:一个孤独的受试者身边的家人或最亲密的朋友,有 52% 的概率也会感到孤独。这种传染并不仅限于第一层人际关系(家人和亲戚朋友),它最多能扩散到 3 层人际网络,也就是说,连朋友的朋友的朋友也会受到波及。想象一下,在生活中,如果你是一个"孤独病"患者,你身边至少有 2 位朋友就会被你传染。就算你的朋友每人只有 4 个朋友,这样算下来,你身边至少 6 个与你有关系的人都会被你的"孤独病毒"所传染。

约翰·卡乔波对以上结果发表了看法:"就像一件毛衣的线头总是出现在袖口,社会人际关系也是从边缘开始瓦解的。"他还说:"孤独感测试很可能成为社会健康度的新标准。"人际关系所带来的孤独感与寂寞感给人造成的影响往往比想象中要大很多。

实际上,2010 年,美国杨百翰大学对与死亡率和人际关系相关的 148 个案例做了研究,结果显示:孤独感给人带来的伤害与每天抽 15 根烟对人在生理上产生的伤害是一样的,人际关系将不再只对个体产生影响,而是对个体周边的人群以及整个社会都会产生一定影响。那么,孤独感到底是什么呢?朋友多就不会感到孤独了吗?结了婚就会好起来吗?根深蒂固的孤独并不在于你身边多了谁或是少了谁。卡乔波教授说:"孤独感是一种社会性孤立,是对人际关系的不满足感。问题往往不在于你身边是否有人,而在于你身边的人值不值得信赖。"卡乔波教授还列出了一些关于孤独感的自我检测问题,这些问题基本由下面三个要素构成:

- 请对自己做一个描述(我是一个孤独的人)。

- 请对你所处的人际关系做出描述（我从未从他人那里得到理解）。
- 请对团体进行描述（我并不属于任何团体）。

当这三个要素互相关联并相互作用时，卡乔波教授认为，人就会产生孤独感。孤独感与你有几个朋友，是否步入婚姻，进没进入职场一点儿关系都没有。所谓的孤独感的产生，追根究底都可以用以上三大要素来概括。你可能会在心里想："这件事果然又复杂又难办。"但你要记住，这三个要素既是问题也是答案，只要你慢慢抽丝剥茧，解决其中一个，那么恭喜你，你离幸福就更近了一步。

孤独的三要素

如果你仔细想想构成孤独的三个要素，你就会马上发现，其实它可以用我们最熟悉、最常用的三个词来表现。

- 我
- 你
- 我们

你还记得童年时代小学一年级的教科书吗？这三个词在那里就早早地出现了，它们其实也简单明了地表达了大部分关于人际关系的含义。

你觉得"我"很孤独，必定是由"我只是一个没有过人之处的普通人，大家凭什么要喜欢我呢"这样的自卑心理引起的。如果你也常年有这样的想法，就算有一天有一个人发现你的闪光点，对你说"你真是个帅气的人，能和我做朋友吗？"这样的话，主动与你接近，你也会不由自主地怀疑他的真心："这个人真的想和我成为朋友吗？不会另有图谋吧？"这样的想法会不停地、不由自主地从你的脑海里蹦出来。

很多书里所讲的积极思考，其主体也是"我"。但不得不承认，要一下子接受真实的自己、从里到外改变自己的形象确实是一件非常困难的事。比起完全改变你的形象，在这本书里，我更想帮助你认识自己，接纳自己，喜欢上自己。

一下子改变是行不通的，但心里想想"我这样子也蛮不错啊""我自己的生活，我喜欢就 OK 啊""明天的我，应该比今天更棒吧"总是容易做到的，每天这样与自己对话 15 分钟，这件事情对大家来说并不是难事吧？

"你"的那份孤独感，往往来自那种想从对方那里获取认可的渴望。你暗恋的对象明明坐在你旁边，但她的心里一直没有你，那个时候，你会觉得很孤独吧，真希望对方可以耐心地听你说话，可以感同身受般理解你，微笑着和你说今天真是有趣的一天，下一次还想这样和你聊天……你的心里一直在渴望着这样的事情。想要处理好这样的关系，请你不妨多理解对方，在对方能给予你的和你想要得到的之间寻找一个平衡点，这样的话，你就会轻松许多。接下来，在这本书里，我会着重讲解这一点，读者可以认真阅读一下。

关于从"我们"衍生出来的关系，则来自作为人都需要的归属感。马斯洛所提出的需求层次理论也提到过，归属感仅次于第二名安全感，排在了第三位。家庭、职场、同学会、志愿者协会等，不管是什么形式的团体，只要能融入其中，就能得到让人安心的归属感。那些组织会成为你的第二个家，帮你驱除心头的孤独感。虽然本书并没有过多地讨论关于"我们"的话题，但在前半部分里还是列了些重点。如果现在的你还没有一个属于自己的小团体，我非常建议你去寻找并加入。你会发现，团体关系给你带来的温暖，与仅仅一个人给你带来的温暖是完全不一样的。反过来讲，孤独的三要素其实也正是人际关系的三要素，如果你可以堂堂正正地说出下面这些话，那你一定是一个幸福的人。

- 我是一个不错的人，我爱我自己。
- 身边的人都能理解并认可我。
- 我有一个一直在背后支持我的小团体。

上述三点你能做到几点呢？如果你连一点都没办法做到，那就从你觉得最容易的关系开始改变吧。做到了一点，其他的也都会慢慢做到。

我不得不这样做……

最近我在看 MBC 电视台的《我一个人生活》，这是一档专门介绍单身生活的节目，其中一个场面我一直记忆犹新，主持人问演员金光圭："在参加节目的嘉宾中，与谁相处最让你感觉不自在？"金光圭坦诚指名安七炫。以此为契机，节目组安排金光圭与安七炫两人单独在一起吃饭，既尴尬又不自然的两个人一起进了一家小饭馆。

"人参酒……你喝吗？"

"嗯……当然好了。"

两人在略显尴尬的对话间接连喝了三瓶，后来气氛渐渐缓和起来。之后进行采访时，真相却让人大跌眼镜。

"其实我的体质不适合喝人参酒，录完节目回到家就过敏了。"

"其实我体热，平时是碰都不碰人参的。我看他好像很想喝，就不想扫他的兴，结果那天晚上我热得一宿没有睡着。"

原来两个人都喝了不想喝的酒，但都怀着"也许对方想喝"这样的想法，礼节性地敬酒罢了。这是一档综艺节目，作为观众可以听到两方真实的叙述，其实在真实的生活中，我们不也遇到过很多这样的情况吗？

"啊，真不想去 KTV，但又不得不去。"

"聊了这么久，其实我对这个话题一点兴趣都没有。"

这些话你是否觉得很耳熟？如果生活是一场大型的综艺秀，我们也可以采访双方的真实感受，说不定会发现两个人都在隐忍着，做着两个人都讨厌做的事情。

智熏是一个"奔三"的上班族。他的苦恼是，他想交一个与自己三观相符、志趣相投的好朋友，却一直找不到。他周围的人，尤其是公司里的女同事，时不时就跟闺蜜一起看看展览，或者直接来一场说走就走的旅行，这一度让他羡慕不已。再看看自己身边的朋友，一天到晚除了打魔兽就是喝啤酒、吃烤串。和高中同学虽然也一直保持联系，两周聚一次，但每次都大同小异。无非就是见了面直奔网吧，出来就去快餐店，喝着烧酒谈论自己痴迷的女艺人。"5年间这样的情况我们习以为常，到最后竟成了各自的习惯，自然而然地再也没有人把今天去哪问出口。"

听完他的故事，我提议道："既然如此，比起交新朋友，和现在的这些朋友们做一些以前没做过的事情，不是更简单、更好玩吗？"一开始，智熏害怕这么做会让朋友觉得自己变了，从而疏远自己。"但是，从网吧到快餐店再到去喝烧酒这种不曾改变的行程，真的是你们三个人都喜欢的吗？既然你们都没有彼此交流过这个问题，你怎么知道你的朋友不想换个地方聚聚呢？"终于，我说服了智熏，从最可能被接受的喝烧酒环节开始改变。随后，我开始期待与智熏的下一次见面。

三周后，再一次出现在我面前的智熏，眼神中充满了愉悦之情。"按照您说的,在快餐店吃完饭之后,我提议道:'天天喝烧酒怪腻的,要不今天我们去那家新开的酒吧或者对面的红酒吧喝杯红酒吧?'我这么一提,朋友们好像等了很久似的连连赞成,说他们其实也想去别的地方,一直都来这里喝,只是以为大伙只爱喝烧酒。后来,我才发现真奎其实喜欢伏特加,程敏则爱时不时来一杯威士忌。"这样一来气氛轻松起来,两个朋友还挖苦起至今只喝过烧酒和啤酒的智熏。三个人越聊越起劲,把平常不说的话都说了出来。这样一个小小的变化产生了多米诺骨牌式的效应,三三两两的小惊喜接踵而至。这三个朋友一直所需要的正是这种可以坦诚相见、展现自己的时间,而非约定俗成的习惯性见面。

把人际关系中常见的"不得不"做的事情列一个清单吧。我那天不得不去了KTV；虽然习惯9点以后除了水果什么都不吃，还是不得不陪朋友去吃夜宵；不得不强迫自己对不熟识的朋友说没关系；不得不耐心听完同事的自吹自擂。

这样的"不得不"真的是有必要的吗？对方真的喜欢这样吗？也许对方也像你一样，一边担心着要早起上班，还不得不去KTV参加聚会；深夜里不得不咽下那些无法消化的油炸食品。如果你想知道真相，制作一个"不得不"清单是非常必要的。

- 最近一次在无聊的聚会中哪一点最让你无法接受？
- 如果你周围的人都有取之不尽的同情之心和理解之意，你最想要他们做些什么？
- 迄今为止，与你关系最亲密的家人、朋友、同事最让你不能容忍的一点是什么？

03

📝 我的"不得不"清单

- _____
- _____
- _____

✉ >>> **天安市 44 岁的闵熙妈妈的故事**

　　闵熙一个同学的妈妈总是热情地邀请其他同学及其家人去她家做客。我们应邀前往,结果发现她们家的装饰品众多,多到让人感觉空间狭小……那位妈妈还在不停地炫耀,说这些都是她们去海外旅行时买来的,但在我看来,真的难以理解。其他妈妈谁都没有说话,所以我也保持着沉默。这么一想,也许有这样感觉的不止我一个,对吧?

拒绝交易式的人际关系

沃顿商学院组织心理学教授亚当·格兰特在他的著作《沃顿商学院最受欢迎的思维课》中提到,在常见的人际关系中,一般存在着三种类型的个体,分别是索取者、互利者和给予者。

索取者

- 索取者在人际关系中最先考虑的是能否从对方身上得到什么。只有心里默默认定自己的付出能得到预期的回报时,才会战略性地伸出援手。

互利者

- 互利者喜欢的是在损失与利益中取得最大的平衡。常常在公平、公正的原则下获取利益。

给予者

- 给予者始终以"吃亏是福"为人生信条。比起索取,他们更乐意付出。即使是在付出大量的时间和金钱的情况下,也很乐意去帮助他人获取利益。

当然,每个人都不能单纯地归入其中一种类型里。随着所处环境的改变和年纪的增长,这些也会发生改变。比如,一个在家庭里的给予者,到了公司可能就会变成索取者。这种事情是普遍存在的。

在一个社会里,大多数人都会被归类到互利者这一类型。接下来,我打算着重讲讲这一部分。比如:和你关系一般的人送了一份昂贵的礼物给你,你礼貌地收下,心里却一直感到有沉重的负担;对你友善的人,你打算在未来的日子里礼尚往来;在工作上帮了你的人,你会找机会回报;等等。这些都是在日常生活中常见的。

读到这里,有不少读者可能会认为互利者是三种个体里最理想的存在,而事实却不是这样的。

我们不难发现,在人际关系中存在的头号问题就是,跟索取比起来,人们往往会放大自己的付出。正因为如此,在平衡付出和索取时,人们总是习惯性地站在自己的角度考虑问题。就以我为例,结婚8年,我每天下班回到家的第一件事,就是把凌乱的物品归位,然后打扫卫生,如果洗碗池里有前一天的餐具,我也会负责洗干净,最后把垃圾整理分类再丢掉。平常倒是习以为常,但一遇到夫妻拌嘴,我就会习惯性地说道:"这年头,我这样的丈夫你到哪儿找第二个?"这时,我老婆就会立刻反驳道:"我这样的媳妇儿你倒是再找个给我看看!"然后就开始细数8年来她对我们这个小家庭所做的一切。有一次,我实在觉得又冤枉又窝火,就去找了几个也已经步入婚姻的朋友探讨,这才发现"我付出的比你多"这样的说法，竟然是一直以来普遍存在的。曾经有人做过一个有趣的实验，他们以3到6人组成的工作团队为实验对象，以你自认为的在团队中的贡献比例为题向每个人征求答案。结果，把所有人的比重相加发现，总数普遍超过了140%。

我们之所以会下意识地夸大自己的付出，有几个方面的原因。其中最大的原因就是，我们并不了解对方真正想要的是什么。拿我太太举例，她并不喜欢我一下班就变成保姆来整理房间。她更期盼的是多一些交流，互相诉说这一天所发生的事情，一起为每一天的小惊喜感到开心，比起打扫卫生，她更期盼我能利用那段时间多陪陪女儿。然而，我却没有捕捉到我太太的心意，总是觉得打扫卫生才是帮老婆减轻负担的实用行动，还因为有着"为了老婆和孩子，再辛苦也要帮忙打扫"的想法而陷入无限的死循环当中。换句话说，我自以为为家庭鞠躬尽瘁的举动并没有让我的妻子感到宽心。即使如此，我还是会在心中的小账本里默默为自己加一分，还引以为豪，觉得我真的是付出了很多啊！

另外一个原因是，人类的记忆其实并没那么好。在很长一段时间里，专家们都在致力于研究关于学习法的大脑运作机制。经过不断的努力，大脑运作机制的奥秘也渐渐浮出水面。当一个人在记忆的时候，通过实际体验所得到的效果远超死记硬背。举例来说，要记住"苹果是甜的"，比起字面记忆，不如直接去买个苹果来品尝。经过味觉、触觉、嗅觉等的体验，对某一事物的记忆也会变得更加牢固、准确。把它套用在人际关系中你就会发现，对方为你所付出的，在你的脑中只会形成简短的信息，并以这种形式存储下来。比如"妻子在我生日的时候，为我做了一顿丰盛的晚餐"，这只是一个简短的信息。但如果交换一下，你去市场买菜，亲自洗干净蔬果，经过精心料理再来个漂亮的摆盘，这就不再是一个简短的信息了，而是生动的实际体验。这些体验会变成更深刻的记忆牢牢印在你的脑海里。正因为如此，在生活中，我们常常会忘记对方为自己所做的事情，而更容易记住自己所付出的。

互利者中普遍存在的第二个问题是，他们对"帮助"与"负担"两者的混淆，很容易被索取者利用。在有关说服的书里就有一个著名的例子。

有一个人在社区内挨家挨户敲门募集善款。当门被敲开后，他都会说："我们在募集捐款，能不能请你捐助 5 美元？"大多数人都会表示拒绝，但是同时，都会产生微妙的亏欠心理。这时，这个人就会再次开口提出请求："那么，就请你买一块一美元的糖果，好吗？"这一次，大多数人都会掏出钱来。他们是为了弥补第一次拒绝所产生的亏欠感，所以才答应第二个比较小的要求。

我们可以把这种心理套用在人际关系上。我自己就有一次亲身体验。那时的我是个货真价实的工作狂，从早上 6 点到深夜 10 点一直都泡在办公室里。时间久了，很多同事都会来拜托我做一些额外的工作。其中有一位大哥，总是动不动就拜托我这个，又求我做那个。一开始，我当然义正词严地说不。但拒绝次数多达 5 次之后，我竟然因为实在不好意思再拒绝而答应了他。答应后我又很后悔自己的决定，心里暗暗告诉自己绝对不能有下次。后来我才发现，拒绝别人也是一门学问。

有时候，我们还会进行一些莫名其妙、没有必要的回礼。比如，同事去土耳其旅游，回来时给你带了礼物。那是一个小小的钥匙圈，仔细一看，上面还刻着"Made in China"的字样。虽然如此，你心里也会惦记下次去旅游时买一些纪念品作为回礼，当然，挑选礼物则不能像对方那样没有诚意。

从理智的角度上来说，只有在别人真正需要时给予别人帮助才是雪中送炭，受到帮助的人是应该去回报、应该心怀亏欠心理的。但我们会把事出有因的合理拒绝、没有必要的礼尚往来等一并划入人情债中，亏欠感油然而生。而那些见缝插针，喜欢投机取巧的人正是利用了这一点。

第三个问题，互利者会过分计算衡量损益，渐渐淡忘如何看待双方本身的价值。虽然因人而异，但互利者心中往往都有一个明确的人情账本。例如，昨天 K 在开会的时候支持了我的方案，今天如果我在同事面前说说他的好话，他一定会觉得我够朋友。如果你以这样的思维模式来处理你的人际关系，那么，人际关系的本质就会被扭曲。密歇根大学的社会学家韦恩·贝克（Wayne Baker）对以上心理这样解释："抱着'得到什么'这样的目的去拓展人际关系是非常困难的。人际关系所带来的利益往往随着双方的互动与付出而增长，并不是一味追求就一定可以得到。"

所谓人际关系就是一个有来有往、互相分享的过程，但是付出与回报往往并不是成正比的。有时,你越是想尽办法让付出等于回报,越是会让关系出现裂痕。

人生中最幸福的瞬间

现在,请你闭上双眼,认真想想下面这个可能成为本书中最重要的问题。

- 目前为止,你人生中最幸福的瞬间是什么时候?

我想,答案一定是因人而异的:某年夏天的毕业典礼、第一次通宵完成的计划书在会议上全票通过、在孤独的旅行中结识了一个有趣的朋友、第一次迎接新生命的诞生……虽然弥足珍贵的瞬间各有各的不同,但不难看出,这些幸福的场景、美妙的瞬间都有其他人的参与,这些美好的回忆不是你一人创造的。在大部分人幸福的回忆里,要么有除自己以外的其他人出现,要么就是作为一个个体的"我"的某种行为给其他个体带来正面影响。生活于社会中,没有人敢说完全不受其他人的影响。时间久了,有些影响是潜移默化的,让人难以察觉。除了最幸福的事,其他如最悲惨的事、最丢脸的事等也不会是一个人的独角戏。所以人啊,是没有办法与其他人完全分割开的。

我们谁都不是从石头里蹦出来的孙大圣，无父无母，逍遥自在，可以七十二般变化。

每个人都是啼哭着来到这个世上，从你还是个婴孩的时候起就受到自己最亲近的父母的影响，然后慢慢长大，人格也渐渐形成。然后开始结交朋友，也许你的数学比你的前桌好，你的个头没有班长高，你唱歌比班花唱得好听。通过别人，你渐渐认识了自己。接着，你的初恋开始了，第一次的爱情稚嫩又炽烈，你们愿意为了对方做任何事情，也甘愿为了对方放弃一切，你们在一起的时候，觉得拥有了一切。没错，一生中很多美好和悲伤的回忆常常与爱情有关。

如果你愿意用心经营人际关系，你一定会得到意想不到的惊喜。现在请你把一周之内将会与你进行交谈、互传简讯的人列一个名单，就像下面这样。

金娜拉的一周交际名单

- 未婚夫、未来公婆、爸爸妈妈
- 同事（金文熙经理、李世厚科长、沈志河、李成美、成至美）
- 合作公司人员（罗允知总经理、宋元表主任、金秀珍副经理）
- 闺蜜（金喜英、白罗媛、洪志恩、郑秀英）
- 普通朋友（李孝敏、张敏珠、金昌源）
- 其他（快递小哥、婚礼策划顾问、社区保安、清洁工阿姨、餐厅老板、超市里的兼职生、公司一楼的咖啡厅服务员）

想象一下如果你跟清单上的这些人维持一种比目前更好的关系那该多么美妙。不要把自己想象成一个孤独的士兵,世事无常,请试着跟你身边的人并肩作战,一起创造更美好的人生。

人际关系所带来的影响遍及我们生活中的各个方面，它让我们的生活变得更丰富。现在请你筛选出目前为止，你人生中三个最有意义的瞬间，并进行回想，体会当时的感受。

当时的你是否是一个人？如果不是，那是谁在你身边？如果当时你身边的人并没有出现，事情的结果又会是什么样子？

- 笑得最开怀的瞬间
- 因为完成某个富有挑战的工作而充满成就感的瞬间
- 觉得非常幸福的瞬间
- 虽然艰辛，但觉得付出的一切都很值得的瞬间
- 别人某个不经意的举动却让你十分感动的瞬间
- 觉得自己非常棒，自信心爆棚的瞬间

- 第一个瞬间：
  谁是与你在一起的人：
  当下的切身感受：

- 第二个瞬间：

  谁是与你在一起的人：

  当下的切身感受：

- 第三个瞬间：

  谁是与你在一起的人：

  当下的切身感受：

> ✉ >>> **生活在首尔忠正路的上班族容敏，22 岁**
>
> 最近 3 年，我人生中最幸福的瞬间都发生在我身处的职场里。第一次是跟同事一起成功拿下一个案子，第二次是被主管表扬，第三次是同事们瞒着我给我办了一个让我惊喜的生日派对。我现在深有体会，跟同事搞好关系是多么的重要。

03

走出人际关系的常见误区，寻找关系真正的价值

真正的幸福不在于交了多少个朋友，

而在于朋友的价值和如何择友。

——本·约翰逊

应该如何看待"人际关系的经营"呢？在日常生活里，我们常常会有怎样的先入为主的观念或偏见呢？

请你认真想想以下问题：认识最久的朋友就最好？一定要按照固定类别给关系贴标签吗？联络越多感情就会越好？朋友越多人脉就一定越广？拒绝朋友就是没有人情味？

在这一章里，让我们好好聊一聊大多数人在处理人际关系时存在的误区。

关系的价值：老朋友并不等于最好的朋友

如果给你一杯放了 20 年的咖啡，你会喝吗？虽然酒是越陈越香，但人际关系也会是这样吗？室内整理是我事业的一个分支，我常会被请到别人家整理酒柜之类的物品。如果，一个人家里特别装了一个酒柜，说明这家人至少存放了 30 到 50 瓶酒。但其中还可以喝的酒往往不会超过 5 瓶。这些人不懂得如何保存不同的酒。有的该横着放的酒直着放，有的酒被放到了阳光直晒的地方。当我遗憾地告知他们这些酒坏了的时候，他们都会大吃一惊："酒不是放越久越好吗？"我只能打开其中一瓶让事实说话。当他们亲自看到损坏的木塞、闻到呛鼻的臭味才不得不接受这样的事实。连酒都会变质，更不要说其他东西了。

我最近在网络上总看到这样的提问："要怎么经营人际关系才会长久呢？"人们似乎都在期望不会轻易改变的关系，例如"爱情如何保鲜？""如何维持长久的友谊？""怎么样才能爱一辈子不分手？"等。

非常多的人——我也不例外，长久以来一直坚信着"一段关系的优劣在于维持时间的长短"，这样的人在生活中处处可见。如果问一个人他最好的朋友为什么是某某时，通常会得到这样的答案："我们是发小。"老朋友当然有可能是你最好的朋友，但超过 50% 的人无法给出具体原因。你们是否真的心灵相通，是否真的合拍，在你心中对方是否真的值得百分百信赖，这些问题，你可能连想都没有想过。"认识这么久了，在一起很自在、很舒服，这些就够了吧？"这样的回答是很普遍的。

现在,假设不幸的事情发生了,一位你相识多年的老朋友背叛了你,身边的人劝你与他断绝来往,再也不要与他有任何交集。很可能出现的情况是,你并不能马上和他断绝来往,而是在多年的交情和受到的伤害中彼此往复,进入无尽的挣扎和不知所措的恶循环中。"可是我们认识了整整10年啊!""要不是他,我学生时代就连一个说话的人都没有了。"按照大多数人这样的逻辑来看,人们是按照"时间长短"来定义好朋友的,而不是感情的深厚与否。这样是正确的吗?

另外,很多时候我们会下意识地认为,认识越久的朋友越是值得信任的。

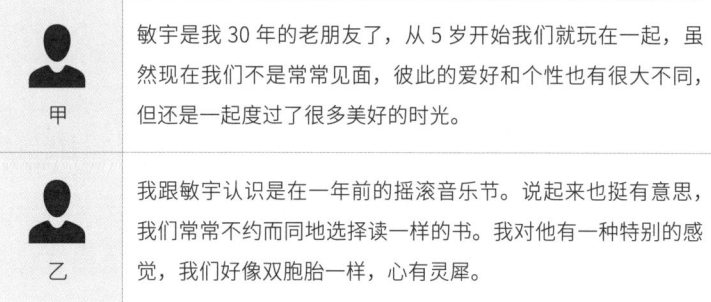

甲乙两人的说法哪个会更吸引你呢?通过以上的话,大多数人对甲会有这样的印象:一看就是老实人,人缘应该不会太差;至于乙,则会认为他是那种随性自在,跟着感觉走的家伙。

下面我来聊聊我是怎么想的。

- 当被问到谁是你最好的朋友时，会不由自主地首先想起老朋友。
- 很难对有 5 年以上交情的朋友说不。
- 打心里认定人至少要有一个老朋友。
- 觉得经得起时间考验的交情才是真交情。
- 因为新朋友而无法赴约老朋友时，心里会觉得愧疚无比。
- 就算是没有理由，没什么心情，还是会硬着头皮安排一年一次的见面会。

我们从儿时起就会被身边的人无意中灌输这样的思想观念：

"儿子，最近怎么没看到你跟振修一起玩啊？"

"因为我们分班了啊，他被分到四班了。"

"他是不是交到新朋友了开始跟别人玩了？亏你们之前处得跟亲兄弟一样。"

我的老妈有这样一项超能力，总能把很久之前跟我玩过的朋友的名字记得清清楚楚。每次回家她都会逐个询问我和那些遥远年代朋友的近况。当我告知他我与其中的某某还有某某很久没有联络或者断了联系时，她总会对我进行"再教育"，并有办法让我陷入一种做错了事的罪恶感中。电视节目里也常常上演这种从小玩到大的两个朋友，长大后，一个做检察官，一个成为恶人，然后检察官深陷当年的情谊之中，不停在正义和情义中翻来覆去挣扎的大戏。虽然是老掉牙的梗，但是每每看到，我还是会不由自主地问自己："为什么我小学同学都失联了？是我的人际关系出问题了吗？"

于是，那些人际关系中的误区在不经意中悄悄展现出来了。

其实，优质的人际关系不取决于时间的长短，而应该取决于它对现在的你有何种意义。

这里所谓的意义对每个人来说都是不同的，如果我的叙述太过笼统，让你感到疑惑，那就请你看看以下叙述，它让你想到了哪个朋友呢？

对我而言，我的朋友是这样的人	
让我心跳加速	可以诉说心事的人
给了我很多灵感	像家人
我们无拘无束，无话不谈	我们一聊天就会忘了时间
是我的榜样	给我很多帮助
非常有趣的人	学识渊博
给我很多人生建议	我总想见到他
让我的笑容变多，很幽默	非常有个人魅力
相处的时候很自在	我很尊敬他

这些描述会让你想起哪位朋友呢？你们认识了多久呢？你的脑海里一定会出现那些相识多年的朋友，也一定不乏只见过几面的人。

讲这些，当然不是一竿子打翻一条坐满老朋友的船，而是提醒你摒弃单靠时间长短来评价一段人际关系的习惯。

就好比在校园中，有些老师虽然有很深的教学资历，讲起课来却让学生觉得枯燥无趣；有些老师虽然年轻没什么经验，但讲课方式新颖有趣，自然会让学生们更乐意接受。就像这句老话说的一样：人生不会因为活得比较久就一定变得比较有深度抑或美满幸福。

那年秋天我认识了忠勇。他的老爹是个军人，因为这个关系，从很小的时候起他就要经常搬家，所以很难交到朋友。敏浩是他唯一现在还保持着联系的中学时期的朋友，学生时代里，他们一起度过了两年难以忘怀的美好时光。后来忠勇因为父亲的关系不得不再一次搬家。他搬到了另外一个城区。忠勇与敏浩由此就相距遥远，两人只能靠电话保持联系，直到现在，他们还会一年约个时间见面聊一聊。也因为小时候经常搬家，忠勇学会了一套在短时间内融入新环境、和别人打成一片的方法。现在，在制药厂做业务的忠勇对自己的生活很满意。听了上面的叙述，我想忠勇的人际关系应该没什么问题才对，我开始好奇他为何会大老远来找我咨询。原来问题出在敏浩的身上，这一切都要从敏浩决定去美国留学深造开始讲起。

敏浩的性格和忠勇完全不同，敏浩比较害羞，喜静，喜欢念书，学业也一直很顺利，在韩国取得大学、硕士学位后，他憧憬着美国的生活，于是打算去美国一边打工一边攻读博士学位。而对于老友敏浩远赴他国求学这个突然的消息，忠勇一时间不知如何接受。

我看出忠勇先生所表现出的失落感，慢慢安抚着他的情绪，请他认真想一想,哪些人对他目前的生活是有意义的存在,我让他看着摆在他面前内容为"对我而言,我的朋友是这样的人"的表格,然后拿起笔在每一项后面写下那个马上浮现在心头的名字。填完整个表格,忠勇才吃惊地发现,那上面自始至终都没有出现敏浩的名字。也就是说,忠勇觉得敏浩与众不同,只是因为中学时期那段美好而特别的回忆罢了。一开始,忠勇对这样的事实有些难以接受,但收拾好心情、做足准备后,他才开始醒悟。这是他开始拥有更好的人际关系的契机。

记忆是美好的,但此刻也并不糟糕。"原来我拥有那么多有着特殊意义的朋友啊。"忠勇这样说道。因为儿时经常搬家的缘故,环境的变化让忠勇一向认为自己没什么朋友,从来没有留心观察过那些短暂但确实在某个时刻与自己发生交集的可爱的人。他也没有认真想过每一个人对自己的意义。现在,想通了这些,忠勇终于可以微笑着祝福敏浩了。

当你开始认真地询问自己"人际关系要怎样才能变得更有意义"而不是"怎么维持长久的人际关系"时,你就已经走在了一条正确的路上。如果一开始就抱着天长地久的念头来经营一段关系,那么等待你的便是无聊和单调的生活。就好比一对没有感情的夫妻硬是不离婚还要在一起过一样,耐心被消磨殆尽,在每天的柴米油盐中生活变得寡淡无味,这是一种折磨。

如果一段关系在某一刻突然变得索然无味,变得不再那么特别,很可能就像一杯昨天泡的咖啡,失去了最佳的饮用时间。与其喝坏了肚子，心情也受到影响，不如干脆利落，各自说一声再见未尝不是更好的选择。

有些糟糕的关系就像学生时代的开学典礼上老校长没完没了的致辞。每当你以为马上就要结束时，老校长的话锋又华丽一转，进入另外一个话题，似乎永远停不下来。如果你真心想和某个人维持长久的关系，最好不要沉溺在过去之中，享受当下，多想想未来如何让你们之间的关系变得更加有意义。否则，这段关系很可能变得像老校长的致辞一样又长又无趣。你可以稍微改变思路，想想未来怎么经营这份感情，花一些时间、花一些精力想想下一次见面去哪家餐厅，下一次见到对方怎么打招呼等。这可以成为一个全新的开始。

给联系人贴上合适的标签

你的手机通信录是否设定联络人群组了呢？如果有，分别分成了哪些类呢？大部分人是按照家人、高中同学、大学同学、前公司同事等来分类的。我们在认识一个新的朋友时，会理所当然地为对方贴上一个或者好几个标签。例如，泰西是我社团的朋友，秀贤是我曾经待过的公司的同事。这样的情况在你的生活中是不是很常见呢？

我们试想一下，如果把一家咖啡馆里的所有器具按照产地贴上标签，然后分类摆放在各处是否行得通。中国制造的纸杯跟塑料勺子、日本制造的玻璃水杯、欧洲制造的咖啡机。要泡一杯咖啡，恐怕你得熟记这些器具的标签上的产地和实际位置才行。你要记住，分类这件事情本身只有在呈现出"用途"时才有存在的价值。

当然，在哪里认识一个人，或者怎样认识一个人，这些可能早在你的脑海里留下了关于人际关系的重要印记。但如果可以重新考虑并构建分类的准则，就可以用一个完全全新的角度看待与他人之间的关系了。

恩美是个设计师，她的生意绝大部分是靠着朋友介绍和参加聚会来拓展的，她的生活里常常出现许多人。有些人与她只有一面之交，就算恩美觉得对方值得深交，也往往不会有什么进展。恩美的手机里也有很多群组，像同学、义工朋友、读书会会员等。后来我问她为了什么而想拓展人际关系。

恩美回答道："我想找一个可以和我共事的人，找一个认同公司的设计师。我想过在网络上宣传，也想找个可以长期合作的、可以给我专业业务建议的投资人。"

话毕，我们一一查看了她手机里的联系人，我要求她增加三个群组——潜在同事、潜在客户、潜在投资人。然后让她把手机通信录里现有的、有可能成为这三类的人都分调到相应的群组里。

"哦，我没想到我潜在的合伙人已经有 50 个了。"

原来普通的通信录在按照你的需求进行重新分类后，可摇身一变,成为你的专属秘籍。

要记得,分类并不是一味地贴标签,而是在不同时期重新定义一种更适合的关系模式。试想一下,把朋友归类在"高中朋友"这一类不如把他划入"好驴友"这一类里。这样是不是有趣多了?说不定你哪天看到重新分类的通信录,看到"好驴友"就开始一场说走就走的旅行呢。

增加群组这样的小举动,会实实在在地为你的人际关系带来变化。

这样的分类,会赋予你的人际关系一个全新的意义。这里举个实例供参考。

手机联络人分类方式 (表一)

姓名:李敏镐
职业:学校教师
目的:跟学生们保持联系
分类方法:
- 2010 年五年级二班
- 2011 年六年级三班
- 2012 年三年级一班

姓名:金成美
职业:代课老师
目的:寻找更多代课机会
分类方式:
- 其他同行
- 可以帮助提高教学质量的人
- 代课担当人
- 学生

手机联络人分类方式 （表二）	
姓名：朴表元 职业：编辑 目的：搜集题材 分类方法： ・犯罪心理学专家 ・罗曼史达人 ・编剧顾问团 ・提案 a 相关人员 ・提案 b 相关人员	姓名：尹小英 职业：上班族 目的：及时行乐，享受生活 分类方式： ・酒友 ・饭友 ・影友 ・玩友

人际关系的系统：常常联系等于天长地久吗

生活中，我们常听到这样的话"常联系、常走动"，但真的只要这样做就可以得到优质的人际关系吗？确实，常走动在关系经营中非常重要，但要是说只有这一点需要注意那可就大错特错了。

逢年过节，手机总是时不时就传来提示音，看着那些被刷了屏的节日祝福语，有那么一瞬你会觉得自己人气还挺旺，人缘也不错。但打开一看，你就会发现，千篇一律的字句明显来自短信群发，这时候你很难感受到对方的诚意。以至于后来，这些信息你连看都不看就直接删除了。国内三家媒体曾就此事件进行过一次民意调查，调查显示，大约有 25% 的人会回复这种套话式的信息。

我在市面上竟然也看到了许多类似《短信宝典》的书，不难看出，现在有很多人连编写一则短信都要绞尽脑汁想很久，也许还想不到妥帖的词句。例如，某天早上一位老兄给你发了个短信，你点开一看，其曰："春雨无声地散落在大地上，滋润着每一个绿色的新生命，希望您也可以充满活力，祝您度过愉快而幸福的一天。"我想，你不会因为这个老兄的鸡汤式问候感激涕零，瞬间重新点燃希望的火苗。相反，你会不自觉地翻个大白眼，转手就删掉。看吧，常保持联系虽然是好事情，但是像这样的敷衍式问候，只会恶化人际关系而已。

这里讲讲我经历的事情，我的父亲在 2013 年 2 月份去世，灵堂设置在济州岛，因为地处偏远，交通不便，所以没有公布地点，很多人都通过邮件和短信方式进行吊唁。大部分人发来的都是"愿您父亲一路走好"这样的话，可有一封邮件给我留下了深刻的印

> **4月2日下午 4：11**
>
> 听说了您父亲去世的消息，我感到非常抱歉。我知道不管我说什么样的话，也无法填补您失去父亲所带来的遗憾。虽然不敢说完全体会，但您的心情我还是理解的。我还清晰地记得我失去父亲时候的样子。现在回头看看，我非常庆幸在他最后的时刻没有半点隐藏，向他表达了爱意。他走的时候也一样，虽有遗憾但没有后悔。希望您也一样，少些悲伤，没有后悔，怀着爱送您父亲最后一程，然后开始迈出新的一步。我想您在天上的父亲也会感到欣慰。在这里，祈祷您和您的一家平安。

象，到现在我都还记得，那是 Impact 公司的代表人韩英培先生写给我的邮件。

可能是韩先生相似的经历让我感同身受，每句话都让我感到温暖。这份温暖是所有昂贵的花篮和丰厚的奠仪都比不了的。人际关系的深度，与短信文字的长短、见面次数的多少、礼物价格的高低是没有关系的。只是要记得，敷衍的态度千万不要留给自己最珍视的人，面对那些让你感激的人，一定要有诚意。在人际关系中，一定要避免"效率化"的行事态度。

我所要讲的人际关系的系统是可以优化人际关系的方法，而不是为你建造完美关系的工厂。希望你不要用过于激进的眼光去看待，因为这样就会失去人际关系本身的意义。它能不能发挥作用，让你拥有更好的人际关系，在于你有没有正确地运用。正所谓师傅领进门，修行在个人。

认识的人不是越多越好

"我的手机通信录里有 5000 个联系人呢。""我认识挺多大官的。"

每每当我向周围的人提起我正在写和人际关系、人脉有关的书时，总是会有很多人这样骄傲地炫耀自己的人脉有多广。

这就像某天有个大娘向你炫耀："哎呀，家里到处都是贵重物品,摆都摆不下,仓库都建了三个了。"

人似乎非常在意这种数量的多少,当然某一方面这确实体现了物质上富足,但这和自身魅力、幸福指数是没有直接关系的。

回到正题,在人际关系上也是同理。认识多少人和得到多少的关心、帮助、尊重永远是两码事。但还是有很多人自找烦恼,总觉得"我认识的人跟别人比起来太少了吧",然后硬生生地把那些根本不会拨通的电话号存进通信录,然后对着联系人总数量傻笑。

我相信很多人都碰到过这样的人:新注册了社交软件,第一件事情就是绑定手机,挨个发送好友申请,直到把通信录里记得的不记得的联系人都发一遍才肯罢手。这类人的目的也非常明确,他们用这样的软件其实并不为真心实意与朋友交流,而是要晒粉丝数和点赞数罢了。在现实生活中这样的人不在少数。有些人一年到头总是参加各种研讨会、联谊会,其实只是为了搜集名片罢了。但是切记,这样的友情永远是来得快、去得也快。

这让我想起一个活生生的例子,几年前麦当劳举办了一个活动——只要你删除十个Facebook好友就可以得到一个免费的汉堡。据统计称不到一周,便有超过二十三万人前去吃免费汉堡。这种连一个汉堡都敌不过的人际关系怎么靠得住呢?

如果你一味以数量为目的去结交朋友,那么你的人际关系就会变得复杂。在你没有给自己留出一定时间去辨别一个人是否可以成为真正的朋友时,很可能就会留下一个大漏洞,让那些想要利用你的人有可乘之机。再者,过于庞大、复杂的朋友圈,会让你容易受到他人言论的影响。"那个人的工作是不是有点奇怪？穿的衣服好像是地摊货……"你时常会被类似这样的话左右。最后，盲目拓展人脉的最大缺点是，你会忽略身边真正值得珍惜的人。

年轻时，我也有过一段时间，费尽心机地想要认识更多的人来扩充人脉。我属于外向好交友的人，每次读到那些写到心坎里的书，都有一种想直接找作者面谈的冲动；收到的聚会邀请一个都不拒绝，而且每次都和邻近的人聊得火热；教会更是常常去，各种研讨会也都一个不落地积极参加。我尽可能地和所有人打成一片。就这样过了一段时间我才惊觉，自己的时间似乎都被不重要的事情占据了。我盯着贴在墙上的日程表，每天的行程都排得满满当当，就连周末也有红事和白事找上我。我简直变成了脚不沾地、空有一张笑脸的交际花。我过去一年可以读五十本书，现在一本书翻来翻去摆在床头过了一个月还停留在前言部分，不要说陪伴家人和爱人，连搭乘地铁都觉得没时间，手机里的短信好像永远回复不完。我看似繁忙，却没有一点儿效率可言。最令我后悔的还是因为那些无所谓的人和事而疏忽了身边重要的、值得珍惜的家人。意识到这一点的我，马上改了交际套路，怀着姜太公钓鱼愿者上钩的心态开始了一段全新的生活。

一位企业家曾说："任何不能被驾驭的人脉就不是人脉。"就连生意场上的人脉也不是越多越好。"观看足球比赛时，你如果和两支队伍中的人都有交情，那要选择支持哪一方呢？你和两家餐厅老板都认识，你要光顾哪一家呢？当然你可以轮流去捧场，但是这样要经过很长一段时间才可以成为一名合格的老主顾，和其他的散客也差不多。倒不如选一家你更喜欢的专心跟一个老板交朋友。食多咽不下，心贪累自己。虽然都说多个朋友多条路，这虽然没大错，但也不全然正确。朋友多不一定都适合你，选择一个上千万网友的社交网站也许还不如选择一个虽然只有500个会员但更加符合你风格的人脉网站。"

我们每个人都遇到过类似这样的情境。一开始三五个志趣相投的人组成了亲密无间的小团体。每次相聚都有聊不完的话题。但后来这个小团体逐渐壮大，逐渐加入新人。一开始你会觉得变得更热闹也不错，但后来慢慢发现，在壮大的小团体中矛盾和冲突变得越来越多，也越来越频繁。再想找回一开始那种推心置腹、无话不谈的氛围却是再也不能了。

朋友不是越多越好。你必须想办法把数量控制在你可承受的范围。在你的人际关系里增加新成员，你要考虑是否会对原有的和谐关系造成影响。这就跟定期整理打扫房间一样。一间满是宝物的仓库，如果你一直不进行清点整理，最后将会被蜘蛛网和灰尘淹没，变得一片狼藉。

如果你还是没有什么头绪，下面是一个实用的方法，可以帮你计算你所能承受的朋友的数量。

- 我认为跟死党一年要约＿＿＿次。

- 我认为跟普通朋友一年要约____次。
- 我一个月可以赴约____次。

之前有一个叫秀英的咨询者来找我。秀英是一个内向的姑娘，她不喜欢过多的交际，只希望有几个要好的闺蜜。但同时，她又总觉得跟同龄人相比，她的人脉太少了。于是我让她也回答了以上问题。

- 我认为跟死党一年要约 12 次。
- 我认为跟普通朋友一年要约 2 次。
- 我一个月可以赴约 4 次。

因为工作关系，秀英时不时要加班到很晚才回家，所以平常出来聚会会对她造成压力，而且她坚持周末至少有一天要完全属于自己。我仔细研究了她过去的行程，平均一个月有一到两次聚会，最频繁的时候是在年末，有四次。这样看来，她的规划非常合理，我表示了认可，并帮助她一起计算了目前她所能负荷的健康的朋友圈可以有多少人。

计算以后得出的结论是，秀英姑娘一年可以赴约四十八次，可以跟三个死党、六个普通朋友聚会。对于这样的结果秀英大吃一惊。她觉得朋友圈实在是太小，问我："缩减一下和死党见面的次数，然后平分到普通朋友那里行不行？这样不就可以多认识几个人了吗?"我马上反问道:"你不是原本还计划两个星期见一次死党吗?如果这样做,你觉得和死党的关系有办法很好地维持吗?"秀英想了想:"是这样的。两个月见一次实在有点久。我挺纠结的,一边想和死党维持好关系,一边又想有自己的时间去多认识一些人。我想是我太心急、太贪心了。"

后来,我们一起整理了她的朋友名单,发现可以称之为死党的一共有七个人。她的那些互相熟悉的死党可以安排在一起见面,于是我们把死党分成了三组。照理,普通朋友也要分成三组。终于,经过一番整理,秀英可以按照自己的意愿,每个月赴约三四次的同时,也有了完完全全自己独处的时间,可谓两全其美。

这个世界上,总有人喜欢给所有的事情都定一个数量目标,什么人这一辈子至少要交五百个朋友啦;人到三十,通信录里起码要有三千来号人才像话啦;结婚的时候,一定要包下一个餐厅才有面子啊之类的。

这里,我想说,一个人交多少朋友,有多大的人脉圈,都不应该由别人来替自己决定。所有事情都有主次之分,也都因人而异。你的时间如此宝贵,要认真合理地进行安排,用来陪伴家人、与真正的死党喝茶喝酒,最后剩下的时间再去经营其他人际关系,这样才是最好的方式。当你真正享受与家人和死党在一起的时光时,他们自然会成为你人际关系中强而有力的后盾,你会发现你再也不会沉浸在只看数量不顾质量的人际关系里。

把联系人拉入黑名单不够意思吗

当周围的亲朋好友知道我正在研究如何整理人际关系时,大家都有一种不约而同的反应:"整理衣柜、整理仓库,现在都整理到人头上了?你不会是处女座吧?"人们很难意识到,其实整理人际关系是生活中很重要的、必不可少的一环,而且它常常发生,比如结束一段糟糕的恋情,实际上也是一种关系的整理。

这里我讲述一个有关的实例。有一天,一位20出头的小伙子正修来找我咨询。经过一番谈话得知,他目前正处于休学之中,人生道路跟大多数同龄人变得不一样起来,他说:"我只想找一份我喜欢的工作,但大多数同学和朋友似乎都在以进入国企或者当公务员为目标。我一直是随着性子走的人,并不认为一个铁饭碗就是幸福的保障。我喜欢接触不同的事物,也认识了许多不一样的人,有了很多有趣的经历。但是回过头想找人分享的时候,原来那些朋友似乎都不理解我,反而觉得我在炫耀。这让我很难过。慢慢地我们也就变成了平行线,越来越疏远了。后来,我认识了一些志趣相投的人,自然就和他们打成一片。但我不清楚自己的选择是不是对的。"

20岁到30岁这个阶段,是人生当中充满变化和变动的阶段。正修出现这样的疑惑也实属正常。其实很多这个年龄段的人都会有同样的疑问:"当发现自己的价值观与旧时相处的人不同时,该如何处理才好?"

在人际关系中，当友谊的小船发生触礁事件的时候，该怎么办呢？通常有三个方法供你选择。

第一个方法：冷处理法。不动声色地任由关系走向重生或者幻灭。你也许很少见到有人对电话那一边的人开门见山地说："我觉得我们不要再见面了比较好。"但你一定见过有许许多多的人虽然深知感情走到尽头，但还是不会开门见山地摊牌。他们把一切交给时间，聚会因故取消的次数越来越多，不见面的时间越来越长。双方慢慢就自动退出对方的朋友圈。

第二个方法：主动清理法。就像上面描述的第一种情况一样，大胆主动地摊牌，告诉对方不想再有来往，然后真诚地祝福对方。后面我会针对这个方法再进行详细讲解。虽然这样做有点危险，但如果你处理得漂亮，你和对方很可能会冰释前嫌，然后关系更进一步也说不定。

第三个方法：拼命挽回法。只要能回到当初，花费多少时间和精力都无所谓！就像正修这个情况，我就比较建议他用这种方法。跟他的朋友多进行交流，表达自己的观点，认他们走入他的世界，感受他感受到的一切，互相理解。这个方法虽然最麻烦，最费时费力，但是如果你觉得你所面对的是一段值得珍惜的感情，那么，就有必要试一试，不是吗？

至于以上三个方法中哪一个比较好，全看你如何看待双方的关系，当然最重要的还是你内心真实的想法。不要忘记的是，切勿期盼所有感情都能够天长地久。

一生中，我们要与太多人相识或相伴，有些人注定只是过客，有些人注定只是暂时停留，然后在某一天悄然退出你的生活。那些小时候发誓要与爸爸结婚的小女孩，终有一天会穿着婚纱嫁给自己的白马王子；从小一起长大的拜把子兄弟，也不一定可以陪你走完全部的人生路。所谓天大地大、世事无常。想想目前为止在你生命中出现的那些人吧。从你来到人世间到现在，一直陪在你身边的人有多少呢？不管你是否愿意承认，随着时间的流逝，人际关系也是在变化的。不是所有人都会陪你走到最后，有些人来了又走，他们只是你人生中的过客，有些可能会让你难过，有些可能会给你帮助。对他们来说也是一样的，你也只是许多人生命当中的一个过客。但这样的际遇也很美好，不是吗？

我的女儿瑞珍从婴儿时期就非常依赖奶嘴，到哪里都要含着才觉得安心。对她来说，奶嘴不再是奶嘴，而是她重要的伙伴，很珍贵的伙伴。她现在已经四岁了，如果继续吸奶嘴会妨碍牙齿生长，而且据医生说，这样持续下去会渐渐引发心理健康问题。于是我们意识到，到了她与她的"伙伴"说再见的时候了。一开始她和家里其他成员都很痛苦，她总是会在夜晚啼哭，弄得大家都不得安宁，过了很长一段时间情况才慢慢变好，现在她总算适应了。

让女儿与奶嘴告别看起来虽然残忍，但是非这样不可。以前给她带来安全感的奶嘴现在却会阻碍她牙齿的生长，有害她的健康。

离开奶嘴后,女儿的牙齿长得越来越整齐了,说话时连发音都变得标准了。

这与人际关系大同小异。当一段关系对于你来说不再是加分项,而且持续让你觉得痛苦焦虑,让你的生活质量降低时,我的建议是:爽快地和它说再见吧!一开始你也许觉得痛苦,但经历之后你就会发现,有一段更适合你、更让你开心的关系正在悄然开始。

人·际·关·系·小·诊·室

05

　　你可以承受的朋友的数量是多少？根据上面所讲到的方法，回答下面的问题。第一次可以写下你希望的数字，然后仔细考虑，写下实际可能的数字，最后对比看看两者差多少。

- 我觉得跟死党一年要见（　　）次
- 我觉得跟普通朋友一年要见（　　）次
- 我一年一共可以赴约（　　）次
- 根据实际情况，我一个月可以赴约（　　）次
- 我一年实际可以赴约的次数是（　　）次

>>> **住在后谷洞的根英小姐，34 岁**

　　我喜欢热闹，也喜欢聚会。一般每个周末都有约，我的方针是，谁先约我我就跟谁出去。久而久之，我发现，这样的话跟密友见面的次数就变少了。认真填了上面的表格后，我发现我的安排太杂乱。于是我决定以后每两周就跟死党约一次，然后定下行程时间。余下来的时间再去见其他朋友。

04

对人际关系的反思

爱是关心与尊重，爱是心怀责任感、理解对方并懂得付出。

——埃里希·弗洛姆

有一次结束关于整理人际关系的授课后，一位学生找到我并对我说："也许是我思想太落后了，很难完全理解您说的人际关系需要整理的说法，我觉得人际关系是没法整理的，但是我又觉得您提的观点很新鲜、很有意思。我真的很纠结。"这位学生的一番话反而提醒了我，正在看这本书的你或许也会有这样的疑惑。

一开始"人际关系"指"两人或两人以上的群体相互间的关联"，它所表示的是人与人之间的情谊。经历时代的变迁，如今这个词也有了新的含义。很多词都是这样的，比如最近常常出现的词"治愈"（healing），这个词原本常被戒毒所、医院以及各种医疗机构使用，它是治疗的意思，但如今却有了另外一层意思，偏向于"心灵上的疗伤"，治愈系音乐、治愈系歌者、治愈系美食、治愈系文字等都被大众所接受。

这样的例子处处都有，比如迪士尼乐园。迪士尼希望提供给游客的不仅仅是一座游乐园，他们的宗旨是复原人们心目中梦想的迪士尼世界。他们的方法既简单又巧妙，所有员工都被称为迪士尼的专属演员，属于游客的地方被叫作"舞台"，属于"演员"出入的空间被叫作"后台"。这些小小的改变确实带来了很大的效果。有时，仅仅为一个词语赋予新的含义，人的行为就会随之改变。

给人际关系重新下一个定义

阿尔·贝勒那奇欧在他的 TED 演讲中提出了一个有意思的观点。美国人总用棒球比赛来比喻男女关系，但是其实男女关系更像是比萨时间。提到棒球比赛，一定是有攻有守，有胜有负。但在男女关系里不一定是这样。把它比喻成两个人都感到饥饿，然后共同看着菜单选择两人都能接受的口味，一起分享一个比萨的愉快时间更贴切。

回到正题，当你眼前出现人际关系、人脉这样的词，你觉得无法接受或不太舒服的时候，不妨就试试以上的办法，给它加一点料。比如，加上一些形容词："春天般温暖的人际关系""自然而然的人脉"。或者，字不同、意相同，干脆换一个更有人情味的词，像"缘分""命里注定"，如果你是个"怪咖"，也可以完全用不相干的词，只要你觉得高兴，比如"解开的毛线团"。这样你会发现，原本对你来说枯燥无味的词都变得灵动可爱起来，不知不觉中，你就会更乐意接受。

不过，这里还有一个秘籍，它的效果更是立竿见影，那就是为你的人际关系重新下一个定义。我要举一个通俗易懂的例子。这和逛商场是一个道理。逛街时，花一样的钱，一些朋友会中意穿起来舒适又合身的运动服，有些人会买007同款衬衫，讲究生活品位的文艺青年很可能会选择指定品牌的设计师专款。开始一段新的人际关系就像是为自己添置新衣。这由你的个人习惯和喜好来决定，如果让别人来帮你挑选，很可能不符合你的整体风格，变成难以言说的混搭风也不一定。如果皮裤配运动衣，不仅你自己别扭，旁人也会跟着尴尬。

每个人都有不一样的个性，所以每个人对于人际关系的定义也是不同的。这件事本身没有对与错，只有合适与否。我发现，很少有人会花时间和精力去考虑到底怎样的人际关系才是适合自己的，很多人不能完全看清自己，不明白自己想要什么，导致黄金人脉关系就在眼前，自己却视而不见。第二个问题是，似乎很多人都对人际关系有着过于罗曼蒂克的幻想和期待。看了《你是我的命运》，就幻想海枯石烂的爱情；看了《朋友》就期待至死不渝的兄弟情。很多人认为真正的友情和爱情就是没有争吵，没有分歧，心灵契合，三观相符，数十年如一日，从一而终。但是朋友，清醒一点吧！这些真的只是少女的白日梦而已。

"如果一段人际关系让你获得了幸福感，你觉得另一方具备了哪些条件？"我常常问别人这个问题，也得到过很不错的答案："聊得来就行""懂得倾听""志趣相投"。虽然这些回答很常见，但也很说明问题。一段让你感到幸福的人际关系，并不需要你替朋友顶包入狱，也不需要你每天梨花带雨地守在重症监护室，这些都是电影里的场景。在现实中，你不是苦命受欺负的小媳妇，也不用牺牲一切，当然这里的人际关系也不是没有冲突和分歧的完美关系——这就是真实的人际关系。

去年一场讲座后，我认识了永表，到现在我们两人也还有联系。永表是一个优秀的上班族，进入职场五年，热爱自己的工作，业绩也是漂亮得没话说，公司上下对他都是一致的正面评价。这样的永表却有着一个很大的烦恼——休息日恐惧症。每次假期的时候，他总是无事可做，找不到一丝乐趣。时间久了，他也觉得这样的日子有些无聊。为了改变现状，他跑去参加了一个登山社，这样，一到不上班的日子，他不是跑去翻山越岭，就是约同学出来聚一聚。话不投机半句多，尽管他自己很努力，但是每次聚会的氛围都非常尴尬。渐渐地，休息日对于他来说竟变成了压力。

直到那天，我在他所在的公司举办讲座。课后，永表一副认真的表情，跑来特别真诚地对我说："老师，我特别认同你说的'去找让你怦然心动的人际关系'这句话。"休息时间，我们坐在一起

聊天，我请他写下生活中那些让他怦然心动的人员名单。写完他才发觉，那些人不是领导就是同事，都是工作中遇到的人。

永表被自己吓了一跳，他解释道："可能跟我父亲从小对我的教育有关系，他一向公私分明，虽然不是刻意的，但一提到'人际关系'我好像就会不自觉地把同事排除出去。我觉得上班就是上班、下班就是下班，就算是工作中觉得很合得来的人，只要一下班，也会自动拉开距离。"

搞清了自己的真实想法，永表现在过得快乐多了。午休时他会和那些让他"怦然心动"的同事一起吃饭、聊天，赶上出差，就索性延长几天，直接和同事在当地来个短期旅行。

每次我去讲课时，只要一说出"好的人际关系"时，就会有很多人问我："什么样的人际关系才算是好人际关系？""我现在是要去跟甲见面，还是跟乙见面？"虽然我都会依照不同的情况给出适当的建议，但建议始终是建议，那个能给出完美答案的人，其实永远是他们自己。

- 人际关系对于我来说，到底有着怎样的意义？

对于这个问题，如果你一时间不知道从何说起，可以观察一下你周围的人，问问自己，你最羡慕他们谁的人际关系网？需要谨记的是，不要完全凭借事物表象去判定。就像别人家的东西看起来总是比自己的好一些，但这也仅仅止于表象，真要你去调换角色你未必会同意。那么，有没有一个人的人际关系很棒，让你从心底想要与那个人看齐呢？那么，你觉得那个人为此都做了什么，又尽量避免了哪些事情呢？

- 我觉得＿＿＿＿＿拥有的人际关系很棒。
- 因为＿＿＿＿＿＿＿＿＿＿＿＿＿＿＿＿＿＿＿。
- 他经常会＿＿＿＿＿＿＿＿＿＿＿＿＿＿＿＿＿。
- 他不会＿＿＿＿＿＿＿＿＿＿＿＿＿＿＿＿＿＿。

英美的回答

- 我觉得（洪经理）拥有的人际关系很棒。

- 因为（虽然他说话非常直接，但是他人缘一直很好，而且赢得了很多人的信任）。

- 他经常会（给我找一些符合我喜好的书单和电影，推荐一些我会喜欢的餐厅；有时我说错话或者工作出现失误，他都会用幽默的语言提醒我；我遇到什么困难，他都二话不说就来帮忙）。

- 他不会（敷衍别人，也不会故意给新人找麻烦，他很真诚，不虚伪，在工作和生活中从不埋怨）。

龙成的回答

- 我觉得（虞文熹）拥有的人际关系很棒。

- 因为（他见多识广、博学多才）。
- 他经常会（对我和身边的其他人观察入微，对很多事情都有极强的好奇心，总能第一时间发现诸如我剪了头发之类很少有人注意到的变化，并主动提及，不吝惜赞美）。
- 他不会（在他人面前表现负能量的情绪，周末永远不当宅男，总能找到新鲜事去做）。

一旦坦白地描述一段你向往的人际关系，那么，它对于你的意义就会自然而然地显现。对于英美小姐来说，分享与关怀是一段成功的人际关系的精髓；而对于龙成来说，人际关系给他带来的愉悦感胜过一切，是他在生活中汲取正能量的源泉。

为人际关系下一个专属定义，就如同打开一扇角度不同的窗户。前面提到过的永表，原本他总是拿着一副望远镜去观察这个世界，站在一个闭塞的空间里，望到的都是远处群山上的树影。直到有一天，他扔掉望远镜，打开小公寓的窗户，探出头去，才蓦然发现楼底下一片已经盛开的可爱的小雏菊。这正是他一直没有发现的他身边的景致。

那么，你想要的到底是怎样的人际关系呢？

- 志同道合的人。
- 可以坦率地纠正我的错误，激励我成为更好的我的人。
- 愿意陪伴我，在我的葬礼上流下眼泪的人。

人际关系整理的实践

关于人际关系整理,人们大致可分为以下四类。

- 努力建立人脉。
- 好的人际关系不愿错过,拼命维护。
- 如果碰到优秀的人,努力与他维持关系。
- 觉得维持人际关系这件事非常麻烦,直接选择放任不管。

之前在讲座上遇到的一些人,大多都是第二或者第三类。很多自认为属于第一类的人,实际上也是属于第三类的,这些人压根不会首先付出,努力去寻找好的人脉。我记得《友谊之舟》这本书里有一段非常贴切的描述,在这里,我想分享给以上人群。

为什么深厚的友谊对我们来说总是那么遥不可及呢?其实理由非常简单——对于友谊,我们并没有积极去付出。

如果能认识到人际关系是这个世上非常珍贵的宝物,那么人人都会怀着极大的热情,想尽办法去得到。但现实是,大部分人都不会做这样的选择,就和大多数人认为爱情"可遇而不可求"是一样的。

但人生里,那些珍贵的宝物是不会自然而然就能得到的。一件美好的事情,只有在我们认识到它的美好并为之付出以后才会发生。

各位读者是什么时候开始翻开这本书的呢？可能是身边朋友的推荐，也有可能是因为最近意识到的人际关系的压力，抱着试一试的态度翻开这本书。不管什么原因，看到了这里，说明你至少有着想改善人际关系的强烈意愿。

很多人即使有着这样的意愿，也仅仅停留在想想的阶段，而不会真的付诸实际行动。"这些事是靠缘分的，强求不来。""我的人缘不是最好的，但也不算差吧。""等我再磨炼几年，学会怎么更好地待人处事，这些问题就会迎刃而解了。""等下次换工作时，全部重新开始吧，现在就先将就着吧。"

也许是我们把人际关系这件事想得太过复杂，上述这样的想法才层出不穷，以至于迟迟没有实际行动。在我写这本书的时候，认识了很多人际关系方面的专家，在与他们的交谈中，我发现，他们所拥有的好的人际关系没有一个是从天而降的。第一次会面时，每个人都做了精心准备，整个谈话的氛围是轻松愉快的。他们的心得是，每一段珍贵的人际关系都需要随时随地睁大眼睛去发现，然后努力去争取。

我年轻的时候就很喜欢交朋友。若是知道了公司里有个受到欢迎的同事，我一定会找机会去和他聊一聊；有和其他部门的主管聚餐的机会，我一定不会错过；当然，我肯定会努力和合作厂商搞好关系。我每天晚上的应酬都排得满满的，以至于身边同事给我取了"交际小王子"的外号。

后来，我从一个小主管一路升到高层，最后更是离开公司自己创业。在成为一家公司的负责人后，我开始对和工作伙伴聚餐这件事有了顾虑："要是和下属太亲密，会不会对工作造成影响？""一个老板跟员工打打闹闹，会不会失去威严？"就这样，换了一个身份之后，和工作伙伴的关系好像不如以前一样好处理了。我改变了风格，极力避免单独和员工吃饭。原本一个乐于交际的人，现在却要刻意规避一些交际活动，这对我来说真的是一个苦差事。然而我这种以为树立一个当权者的威严就要疏于人际交往的想法实在是错得离谱。在一个公司的员工齐心协力完成一个大单子后，要是没有一个人可以分享成功的喜悦，是一件多么让人寂寞的事情！于是，我决心重新思考人际关系对我的意义，并认真把它写下来。

- 共同分担压力
- 工作顺利完成时，一同分享成功的喜悦
- 互相鼓励，共同成长
- 多点交流，一起聊电影、书籍和美食
- 心情郁闷时，有一个可以倾诉的对象

静下心来落笔才发觉欲罢不能，我需要进行人际交往的理由数不胜数，只是从前从没有给自己一个这样的机会静下心来审视自己的内心。于是，重新找回从前享受人际关系的那个我成了新的目标。就在不久前，我在公司举办了一场看电影活动，我们一起去看了一部非常棒的电影，最后还照了合照留念。虽然这不是登顶喜马拉雅一样的壮举，但却足以成为平凡生活中一个让人怦然心动的美好回忆。不仅大家都心情愉悦，还有机会认识身边工作伙伴生活中的一面。后来，有人对我说："老板，这阵子我觉得你像变了个人一样，不再像以前那样有架子了。"

一段好关系不会在某天凭空出现。首先，你得去发现一个好的对象。其次，还要付出努力。一段好的人际关系并非像你想象的那样完美无瑕。你和对方偶尔也会有争执、有分歧，说不定，对方还会指着你的鼻子把你臭骂一顿。

两性专家马修·凯利曾这样描述恋人关系："所谓爱情，就是不是不能一个人，只是更想两个人一起。当你为一段爱情奋不顾身地抛开一切个人的计划、欲望甚至目标，才会明白何为爱一个人。"

你准备好建立一段真正的人际关系了吗？若是在这个过程中受了伤，你能够甘之如饴地坦然接受并继续下去吗？你可以像准备高考时或者像决心减肥时一样，付出努力吗？

在了解了人际关系整理的一些观念和概念后，接下来的时间交给你来决定，在以后的人生路上，用什么心态面对人际关系。请问问自己，摸着自己的胸口老实说一说，你属于前述人际关系整理四种类型的哪一种。（见上文）

如果目前的你还属于第四类，不妨一步一步来，"如果碰到优秀的人，努力与他维持关系"，没有必要急着变成第一类，毕竟路要一步一步地走，事要一件一件地做。以开放的态度面对自己真实的内心，本书才会成为你的良药，而不是一堆废纸。

人·际·关·系·小·诊·室

人际关系到底为何物?重新审视自己对人际关系的真实看法,当你给出你自己最真实、最贴切的定义时,它会成为你之后的人际关系不可或缺的力量。

- 对我而言,人际关系的意义是,有一个可以陪我一起哭、一起笑的朋友。
- 对我而言,人际关系的意义是,有一个可以坦诚指出我的缺点,激励我,与我一起成长、一起进步的人。
- 对我而言,人际关系的意义是,有一个可以在我的葬礼上为我流泪的老友。
- 对我而言,人际关系的意义是,有一个像镜子一样的人,在他面前我永远可以做最真实的自己。
- 对我而言,人际关系的意义是,出门在外,多个朋友多条路。
- 对我而言,人际关系的意义是,……
- 对我而言,人际关系的意义是,……
- 对我而言,人际关系的意义是,……

06

✉ >>> **富川的振彪先生，58 岁**

再过些日子，我就要从打拼了一辈子的公司正式退休了。很多同事比我先退休了，他们的退休生活看起来黯淡又凄凉。所以从 3 年前开始，我就更加努力地积累人脉。那种退休以后无所事事的恐惧感一直包围着我。我总觉得如果想二度步入职场，多认识些人也好办事。现在，离办退休手续的日子越近，我越是感受到，自己真正需要的，只是一些长久陪伴在身边的人。对我而言，人际关系的意义就是有人陪伴我，直到生命的尽头。

02 检视当前的人际关系

05

还原本色，做最真的自己

我喜欢在一起时，可以让我展现最真实的自我，
也可以完全接纳最真实的我，并且喜欢最真实的我的人。

——莱斯利·吉卜林

在生活中，参加一些聚会联谊等社交活动的时候，我们都会尽量表现自己最好的一面，心中难免会产生这样的想法："这样做别人会不会讨厌我？""别人是不是更喜欢这样？"然后变成戴着假面的演员，按照自己设定的剧本卖力演出。现在请尝试回忆你最近一次参加的聚会，那一天的你很可能就有以下的经历。

- 听到不好笑的笑话，勉强自己，附和着笑出声。
- 努力扮演小丑，非得逗笑对方才罢休。
- 某人说话让大家一头雾水，但还是违心地连声附和。

- 你明明有着完全相反的观点，却压抑着不表达出来。
- 别人明明已经触碰了你的底线，你非常介意，一番内心争斗后，还是强迫自己微笑着说"没关系"。

除了这些，你一定还做了"一卡车"违背本意的事情。但说实在的，我们有必要这样辛苦为难自己吗？韩国人力银行曾对247名上班族做过一系列调查。其中有一个这样的问题："和谁在一起时感到最自在？"结果竟然超过41.3%的人都回答"独处时感到最自在"。这也从侧面反映了一个现实问题，就是将近一半的人在他们的人际关系中没办法表现出最真实的自我，没办法开心自在地做自己。

在与别人相处时，很多人之所以投对方所好，是因为只要迎合别人场面就不会太尴尬。但这真的是一个聪明的决定吗？即使你努力迎合，也不一定完全使对方满意，既然如此何必为难自己呢？

什么样的人才会有好人缘

什么样的人才会有好人缘？为了解决这个问题，我做了500人的调查问卷，搜集答案整理后，结果如下：

你觉得哪一类人的人缘最好？

- top1　拥有交际技巧，外向开朗的人（54%）

- Top2　学历高，工作好，能力超强的人 (30%)
- Top3　不放过每一次社交机会，积极参加每次聚会的人（9%）

从这个结果可以看出，其实，大多数人对于"好人缘"都有一个极其统一的印象，仿佛有几个固定标签——好工作，高学历，健谈幽默，温柔体贴等，似乎只有集齐这些才能有好人缘。但是在现实生活里，放眼望去，这样完美的人到底能有多少呢？我想造成这种想法的原因，大概就是所谓的刻板印象。

所以，我提出了第二个问题，得到的答案如下。

你想跟什么样的人成为朋友呢？

- Top1　志同道合，好相处，脾气好的人（85%）
- Top2　对我的工作有帮助的人（9%）
- Top3　请我吃饭，送我礼物的人（1%）

事实上，绝大部分人想要交往的朋友类型，都不是他们认定的人缘好的人，持这种看法的人高达85%。比起那些普遍被认为人缘好的"拥有交际技巧，外向开朗的人"，大家更愿意跟"志同道合，好相处，好脾气的人"交朋友。

在生活中，我发现大多数人的择友标准并不是"能力强"，而是"好相处"。然而，这样的随和是你装不像，也装不长久的。一个人只有处于最真实的状态时，才会自然而然地流露出自在随和的本性。

真正的万人迷并不是伪装出来的，与其费尽心思地去扮演一个不存在的人，不如勇敢做自己，时时刻刻真情流露，这样难道不是最迷人的吗？要知道，当你生硬地扮演一个万人迷时，你那种不自然，惴惴不安的情绪很快就会被对方察觉，于是大家都会变得小心翼翼，场面也会随之陷入尴尬状态。这种时候，坦然地做自己，也许是最好的方式。

做最真实的自己

如果我说，其实大家都更喜欢有着各种小缺点的真实的你，而不是你刻意扮演的你想成为的你，你是不是会很吃惊呢？威廉·辛瑟教授在他的著作《写文章，表达想法》里有这样一段话让我感悟很深刻。虽然他在书里谈的是写作，但说白了还是在谈论如何透过纸张与读者沟通，这也是关系建立的一种方式。如果把其中的"文采"更换为"个性"也完全没什么不妥。

每个人都希望自己有文采，好让读者认识到你有多么多么的优秀。文采这个东西，就像是你从商店里买的装饰品，样式各异，精致夺目。原本朴实的文意一旦披上了一件叫文采的外衣，就如同脱胎换骨。正是因为如此，人们才会绞尽脑汁地想出成堆的比喻句和华丽的辞藻。

然而，文采并不是那些花些钱就能买到的装饰品。确切来说，它是一种天赋。就像一个人的瞳孔颜色一样，是与生俱来的。那些刻意的、略显矫情的咬文嚼字就像是美瞳一样，看你的第一眼，对方可能会觉得你特别，但这毕竟不是你本来拥有的。再多的赞美到头来也不是你自己的。

硬挤出来的微笑、强装出的大方都像是"美瞳"一样，给人的感觉永远不会自然。

回到前面的问卷，我在最后又追加了大多数人都想知道的问题。以下是我摘选的回答。

因为担心被人讨厌，所以刻意隐瞒的想法或者行为都有些什么呢？

- 其实我蛮喜欢看言情小说，但要是被问起来，我会说，我一般只读文学类的作品。
- 遇到高颜值的人就会情不自禁地看过去，但是明白对方会讨厌，所以会克制。
- 在和别人聊天的时候非常容易分心，被风吹起的塑料袋都能把我的目光吸引走，过很久才意识到，这样的举动是不得体的。
- 见到许久不见的朋友，其实很想来个熊抱，但很怕对方觉得唐突，只好微微挥手向对方问好。

- 笑点超低，一笑还停不下来。后来尝试着忍耐，还被别人误会，以为我在生闷气。
- 哭点很低，常常不自觉地红了眼眶。只能低头盯着地板，害怕被人发现，觉得尴尬。

如果你面前有两种人，一种人想笑就笑，想哭就哭，从不刻意隐瞒自己的情绪；另一种人总是遮遮掩掩，刻意压低声音或者隐藏自己的表情。你会对谁比较有好感呢？著名主持人朴京林独特的声音，被很多人争相模仿；玄英的鼻音辨识度高，想学也学不来。生活中往往是这样，你觉得让你没有自信的真实的地方，恰恰正是你最独特的魅力。

06

认识最真实的自己

> 让自己好好认识自己的方法,就是让别人去认识你。
>
> ——艾伦·劳恩·麦克金斯

我自诩也是个复杂的生物,我的个性没办法三言两语就讲清楚。但有一件事情我不得不承认,随着年纪的增长,我常常戴着一副假面示人。硬着头皮做违心的事情,说口是心非的话,时间一久,那个真实的我正在慢慢变得模糊不清。

不如现在,把一切别人所描述的你统统都忘掉,然后由你自己重新拼凑最真实的你,不必刻意隐瞒和伪装,就把这里当作完全私密的只属于你的试衣间。

如果你一时无法精准地描述你自己,没有关系,不妨试一试排除法。看看下面哪些选项"绝对不是在说你"——

这绝对不是在说我		
我很开心	我有正义感而且可以做到很公正	我荣誉感很强
我很聪明		我有勇气
我很谨慎	我有耐心	我有信念
我可以站在对方角度考虑问题	我孩子气	我性格爽朗
	我有责任心	我善于表达
我很坦白	我很谦虚	我很客观
我很忙	我很勤奋	我很搞笑
我非常固执	我讲义气	我经常不按套路走
我爱撒娇	我很善良	我有敏锐的洞察力
我很沉稳	我愿意做出牺牲	我有激情
我有领导力	我脸皮很厚	

请把不属于自己的标签去掉，最后筛选至 10 项左右。接下来看一看剩下来的个性标签，是否就是你的真实写照。

我到底是个什么样的人

全球知名企业培训教练马歇尔·古德史密斯曾经在领导力训练课堂上给主管们提出任务——参照产品使用说明的形式给自己写一个自我警惕书。在他的著作《up 学》里就有这样一个故事。有一位公关主管因为助理流动率太高而感到烦心，在古德史密斯的建议下，这位主管写下了一篇名为《该拿我怎么办》的文章交给了助理。现摘录其中的一部分，如下：

我擅长应对各种不同的突发事件，而且创意十足，如果碰到客户需要一套有创意的方案，交给我是最好的选择。但其余的我都不擅长，我既厌恶书面报告，也很难迎合客户的口味，八面玲珑。我同样不会写感谢函，记不得别人的生日，分不清各种节日，讨厌接电话。从个人层面来说，我还算是个正直、懂得尊重的人，不会一味埋怨别人，也不会迁怒于他人。当工作进展顺利，取得非凡的业绩时，我会飘飘然地认为我是这个星球上最有魅力、最聪明的人。这种时候，你也许会觉得我表现得有些过火，或者开了过头的玩笑，还请不要往心里去，拜托你指正我，让我知道自己有失分寸。我的性格属于自由放任型。工作越繁杂，我会越冷静，这只是我面对压力时的自然反应，还请不要误解，以为我的"扑克脸"是对什么都不在乎的表现，其实我真的非常在乎我的工作。在接下来我们的工作中，我只期待你一件事，在你可以承受的范围内，还请尽可能来辅佐我，我考虑的事情越少，工作效率就会越高，我们的合作就会更愉快。

当新来的助理收到这样一封信后，果不其然地一心一意跟随着这位主管，并且解决了许许多多主管并不擅长的细节工作。他的工作出色，有大批客户在圣诞节送来果篮香槟，为了感谢这位助理做出的贡献。这件事说明一个道理：首先你要认清你自己，并且坦诚地告知对方，与别人坦诚相待会大大减少日后的摩擦。

如果让你也写一篇叫《该拿我怎么办》的文章，你将如何下笔呢？如果实在没有什么信心，找一个了解你的朋友来帮你写吧，就像《我的野蛮女友》里的男主角一样，可以滔滔不绝地说："她喜欢……讨厌……她不擅长……"

如果你是个不会写文章的人也没关系，还有很多种方法。比如像下面这样，给自己做一个表格。

请在下面的表格左栏中实事求是地填写让你骄傲的优点，在右栏中填写希望可以得到别人体谅的缺点。

这些优点我想大声说出来	这些缺点希望得到别人的体谅

对于缺点还请大家多给自己留点时间好好想一想,要知道,当你真正面对自己的缺点时,才有可能更好地改正它们。

我过去是个不太会讲话的人,对此,我一度感觉到自卑。看到精心打扮的女孩出现在我面前,明明我很欣赏,却不知道该怎么去赞美;新认识的朋友聊着聊着总是会说我很迟钝,并以此来调侃我。现在,我依旧是个不太会讲话的人。但是不同于往日,我已经完全接纳了这样的自己,也坦然接受了自己无法像别人一样"口吐莲花"的事实。

我从新的角度审视自己,想着虽然我嘴笨,但是我不会口无遮拦;虽然我憨憨的,但也是因为这样,我很少得罪人啊。有时候,优点有可能会变成缺点,缺点也有可能变成优点。不善言辞对现在的我而言不完全是一个缺点,而是我性格特点的一部分。像这样坦然面对自己,并且不再费尽心机去在他人面前掩藏所谓的缺点时,我发现，我的人生变得如此坦荡和自在。

如果你对这个表格还是摸不着头脑，我再推荐一个简单有效的方法给你。那就是挑选出一种你觉得最能代表自己的饮品。

就像我，每次去咖啡厅只会点黑咖啡。我想，最能代表我的，就是热美式了吧。味道苦涩但是纯粹，我所追求的都是个性分明、鲜明极致的事物。一杯看起来平凡无奇的黑咖啡，只要微微尝一口，全身都会被温暖包围。就像大多数与我初识的朋友，一开始都觉得我不好相处，但只要稍微熟一点，都会觉得我是个不错的家伙，就像一杯热腾腾的黑咖啡，常喝不腻。

你觉得哪款饮料与你最相像呢？先苦后甘的乌龙茶，香浓醇厚的拿铁，还是能赶走疲惫的功能性饮料？我想这个问题值得你静下心来思考一下。

如果是你的偶像，他会怎么做

《哈利·波特》的女主角赫敏的扮演者艾玛·沃特森曾在采访中被问道："你是如何度过青春期的？"艾玛·沃特森回答道："遇到挫折时，我会想，如果换成赫敏她会怎么做。结果，这招还蛮管用的。"

在经营人际关系中遇到一些疑惑或者瓶颈的时候，如果有一个偶像存在，那么吸取他的经验、向他学习解决之道是一个再好不过的方法了。

偶像不一定只有一个，无论是银幕上的明星，你最喜欢的小说人物，还是你身边现实生活中的人，都无关紧要。只要你认为你的偶像每时每刻都在闪闪发光，可以充当你的行为楷模就可以。

美国加州大学的两位教授莱福·尼尔森和迈克尔·诺顿曾针对成功和偶像之间的关联性做了一个实验。他们请受试者写下几个在他们心中最能代表奉献牺牲精神的楷模的名字，然后写下他们的十个特征。在完成这些后，受试者们被问到这样的问题："你是否有意愿成为一个无偿义工？"回答有意愿的人足足比否定的人多了两倍。实验最后得出一个结论，偶像的影响力不可小觑，并且这种影响力可以维持大约三个月的时间。

在你的生活中存不存在这样一个人呢？他明明看起来性格和你差不多，却拥有一个你想都不敢想的朋友圈。答案可以有很多，也许这个人是会巧妙拒绝、勇敢说"不"的典范，也许是最具幽默感的家伙。下面有两个表格，你可以按照已有的提示来把它们填完。

讲到这里，你应该对于自己是一个什么样的人，有着哪些优点及缺点，以及怎样坦然接受自己并且如何在别人面前做真实的自己有了一定的了解。攘外必先安内，至此为止，我们完成了第一步，那么接下来，让我们一起探讨在人际关系中我们所谓的迁就应该控制在何种程度内。

人际关系中的领域	该领域中的偶像
事业	沃伦·巴菲特
朋友交际	刘在石
幽默感	伯父

偶像	偶像会怎么做
状况:不太熟的朋友向你借十万块	
老板	用沙漏计时,在五分钟内考虑利弊,做出决定
爱说脏话的奶奶	用半开玩笑的方式以脏话回绝对方,避免双方尴尬
哈利·波特	问清楚对方的处境,召集周围的朋友一起伸出援手

07

经营人际关系的游戏规则

也许你的人生会因为与一个人的相遇而起变化,做好心理准备吧。

——中谷彰宏

当你坐在一辆车里,系好安全带,准备去一个没去过的地方时,你打开了导航。在为你导航之前,通常导航系统会先定位"你的位置"。跟一个朋友约了一起喝下午茶,结果他半路找不到方向,你接起他的电话,了解情况后,便会问:"你附近有没有什么地标性的建筑?"

人际关系也是一样的,就如同你计划约哪个朋友,在哪个公交车站碰头,在哪家小酒馆聚会之前,除了确定你的位置,还要知道对方在何地一样。

找准"你的位置"

智敏 30 多岁,是一家小公司的业务部主任。宝拉则是三个月前刚进公司的新员工,年龄与智敏相仿。有一次聊天,她们惊奇地发现,她们的女儿念同一年级后,两个人的共同话题就多了起来。她们一起参加了公司举办的培训营之后,交往更加频繁,两个人像是认识多年的老朋友一样。但是最近一个月,智敏开始察觉出了一些变化,每次她提议周末聚一聚或者一起在家做泡菜时,总能看到宝拉面露难色。这样的事情发生几次之后,平时大大咧咧的智敏也不禁想是不是自己哪里不小心得罪了宝拉。

有一天,智敏找到了我,说出了心中积压已久的烦恼。我叫她耐下心来回顾她们俩相处的情况,智敏才恍然大悟——在宝拉心中自己只是一个合得来的同事。从培训营回来后,是智敏单方面把宝拉拉进了自己的闺蜜圈。其实,智敏和宝拉的相处没有什么大问题,只不过她们对于彼此的设定不同而已。发现问题症结所在的智敏决定退回到"好同事"的位置,重新维持她们之间的关系。虽然没有到"闺蜜"的程度,但是她们如果发现什么有意思的讲座还是会主动邀请对方一起参加。这样下来,智敏发现在这段关系里,宝拉显得比之前自在放松了许多。以这样一种新的心态相处一段时间后,两人自然而然地成了真正的闺蜜,听说最近还计划起了家庭旅行。

我讲这个故事是想告诉大家以下几个重点：

第一，人际关系是存在阶段性的。虽然从古至今谁也没有为一面之缘、点头之交、普通朋友、老友知己规定一个明确的分界线，但是不得不承认，所谓交情都有深与浅之分。

第二，如果双方在所处关系中对于阶段的设定不统一，那么在相处时就非常容易出现误解甚至冲突。就像上面提到的敏智和宝拉一样，敏智把宝拉当作闺蜜，但是宝拉心中，敏智只不过是一个处得比较好的同事而已。像这样的情况，其中的一方很容易因为得不到同等回报而心理失衡。

第三，人际关系的阶段性是会变化的。上一秒还你侬我侬，下一秒就有可能因为某件事翻脸不认人；反之，一年都不联络一次的

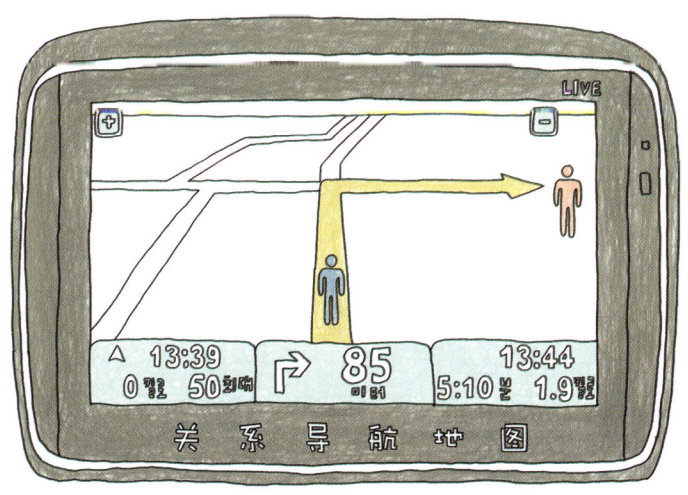

泛泛之交可能就因为某个偶然的原因而变成无话不谈的好兄弟。如果你想拥有良好的人际关系，请务必先认清自己在对方心里所处的位置。

两性专家马修·凯利把亲密关系划分成了七个阶段。

- 阶段一：互相说可有可无的客套话。
- 阶段二：开始谈论自己。
- 阶段三：即使对方立场与自己对立，也可以认同。
- 阶段四：努力经营现状，并且规划未来。
- 阶段五：在对方面前谈论自己的缺点。
- 阶段六：不再隐藏恐惧感，坦率地说出自己的失败或疑虑，向对方请求帮助。
- 阶段七：了解彼此的需求，为了满足对方而付出努力。

我想以上这个小资料对于想要好好经营感情的情侣和爱人具有很大帮助。从上面这七个阶段也可以分析出，人际关系的推进似乎接近悄然无声的状态，总是在我们还没有任何知觉的时候就已经进入下一个阶段。

社会学家克劳德·费舍尔做过一个针对1050个人的调查。调查发现，在19000个人际关系中，有近59%的人都被贴上了"朋友"的标签。似乎"朋友"这个词不再是传统印象里那些特指与我们亲密的、不可取代的人。调查还发现，无论是那些没见过面的网友、工作中略有交往的人,还是那些死党都被唤成"朋友"。

如果换成你,你又会怎么向他人介绍与你最亲和没有那么亲的人呢?同事,拜把子兄弟,还是死党闺蜜?有时候一个看起来简单的称呼,一下子就暴露了你们之间的亲疏程度。

我们同样也可以从 -3 到 3 划为七个阶段,如下表所示。

阶段	表现	我	对方
-3	非常讨厌的		
-2	让人不愉快的		
-1	保持一段安全距离为妙的		
0	普普通通、可有可无的		
1	想再进一步发展的		
2	非常有好感的		
3	交情很深的		

回想一些在你的人际关系中想要进一步深交的人,对照上面的表格,看看你跟他之间的关系现在各自处于哪个阶段。你怎么看待对方?对方心中又是怎么想的呢?举个简单的例子,如果你把我定位在了 -1 的位置,而我却把你定位在了 2 的位置,当发觉了这样的偏差以后,第一步要做的就是缩短彼此之间的距离。

再想想你公司里那些表面上和你还过得去的同事,你心中对他们又有什么样的定位呢？你又想让这段关系往何处发展呢？如果你心里想的是不要超过1，那你只要和对方维持工作关系、保持现状就万事大吉了。

制作一张人际关系地图

开始这份工作后，我接触了各种各样的人。其中，30岁以上的上班族的手机通信录里通常有300个号码左右，如果是从事一些业务往来工作的人，手机里存个3000个号码也不足为奇。不过，无论你属于哪种情况，整理通信录都不是那种一天之内可以做完的简单的工作。详细的方法我会在本书的第四部分详加介绍，现在不妨请各位先试试看，从通信录里选出60个左右的电话号码进行整理。

在说方法之前，我们首先得了解所谓"社会圈"的概念。它以数个圆点相同的大小圆圈来描述社会关系，通过观察圆圈重叠程度来分析人际关系状况。我之所以先提出这一点，是因为在人际关系的研究中，尤其在针对个人人际关系的研究上，社会圈概念的作用与影响不容小觑。在社会圈中，圆点代表你自己，跟你越亲密的人在圆圈上与你离得越近。社会圈的概念后来流传开来，许多学者对此进行了研究，而社会圈概念的提出者格奥尔格·西美尔本人也是一位人脉非常广的交际达人。

我们再来看看下面的图，"我"在中心位置。在"我"左边是

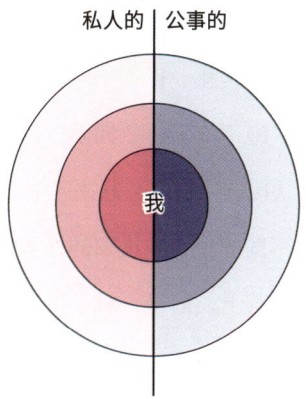

相处起来自在轻松的私交;在"我"右边的是在工作上往来的人。对"我"来说越是重要、越是亲密的人越要写在靠近"我"的地方。这些圆圈由内而外分别称为最里圈、第二圈和第三圈。看着那些在不同位置上的名字,谁对于你来说无足轻重,谁对于你来说是超级 VIP 就一目了然了。

• • •

你人生中的重要人物

有一家非常有名的企业,我认识了这个企业的老板张胜德先生。在一次见面时,我向他请教了如何管理人际关系的问题。他的回答让我大跌眼镜:"老实说,我并没有在管理我的人际关系。"我不死心,就追根问底,结果发现,张胜德先生有着自己的一套人际关系小哲学："诚信为人，一切自然会水到渠成。"他在商场上的作风一反传统，从不给客户送礼，也不把时间浪费在没完没了的酒局上。他严格遵守合同，绝不拖延付款期限，是一个值得信赖的商业伙伴。他公司的财务状况非常稳定，从来不需要向银行贷款。

和张先生的做法不同的是，我认识的许多企业家都会把大把的精力放在人际关系的经营上。但是，对于张先生来说，他的VIP并不是客户和各大厂商、往来的银行，而是那些与他一起奋斗、创业的员工。所以，他大部分时间都会待在公司，其目的也只有一个，就是让公司里的那些工作伙伴可以随时随地找到他。现在不如换你来想一想，你心中的VIP是谁呢？

- 在我遇到困难时，就算知道无利可图，甚至还可能会惹麻烦上身，仍愿意帮我一把的人。
- 可以阻止我在冲动中做出决定的人。
- 发生了好事，我第一个想要分享的人。
- 愿意陪我一起无所事事一整天的人。
- 遇到挫折时给我信心和鼓励的人。
- 在一旁默默激励我的人。
- 可以参加我的婚礼和葬礼的人。

VIP也不是越多越好，人数一定要控制在你所能承受的范围内。如果打算每个月联络一次，那么人数就要控制在10到30之间。

陌生的贵人

随着社会的发展,"弱关系"在现代社会里越来越受到重视。有时,那些并不被我们留意的人际关系,有可能就是你永远意想不到的藏着许多可贵资源与机会的黄金人脉。

那么对你而言,那个陌生的贵人可能是哪位呢?

- 可以马上为你提供美酒、美食资讯的人是谁?
- 谁可以向你推荐靠谱的家电优惠信息?
- 上次去旅游时认识的人中谁还跟你保持频繁的联系?
- 你一个电话就能陪你一起去健身房、逛街的人又是哪位?
- 在网络世界跟你频繁互动的都有谁?
- 最近一次教给你一项全新技能的人是谁?
- 谁是你的养生顾问?
- 谁与你的政治观念和各类人生观高度契合?
- 你可以完全相信并随时可以把孩子和宠物交给他照顾的人叫什么名字?

专门研究"弱关系"的梅琳达·布劳教授指出,我们人生中的 VIP 和陌生的贵人都是我们宝贵的人脉。根据"社会情绪选择理论",一个人对熟悉的感知和新鲜感的偏好是会随着时间而产生变化的,但这两者注定不会消亡,而是会长久共存。在这里举个简单的例子,假设你刚参加完一个老友的葬礼,情绪自然受之影响,会产生一种好好活在当下、好好珍惜身边人的冲动,但诸如此类的情绪会随着时间的流逝慢慢消失。这并不表示我们本身是冷漠的,要知道,经过时间的洗礼,情绪回到稳定的常态是一种非常常见的现象。这时的你往往会下意识地去寻找新鲜刺激的体验,做一些没做过的事情,去认识一些新的朋友,这也是一种常态。布劳教授曾这样总结:"人生在世,缺不了旧识也少不了新欢,若缺了其中之一,人生之路就无法走下去。"

用这些观点检视你的人际关系时,你就会发现一切都豁然开朗起来。如同开车时遇到可见度低的情况,没有关系,自动导航会带你安全走到目的地。

03

大清理！
以优换差，寻找让你
怦然心动的关系！

08

想让每个人都喜欢你是一种强迫症

告诉我他的朋友是谁,我就能知道他是一个怎样的人。

——米格尔·德·塞万提斯

在日常生活中,一旦发觉有人讨厌自己,大多数人都会十分在意。"我到底哪里让他看不顺眼了?"之类的自我提问会层出不穷,即使他从不会与你的生活有正面交集,甚至是一个连性别都未知的陌生网友,你还是会因为别人的某句话而辗转反侧一整夜,甚至在经历一番自我检讨后,得出"错的一定是自己"的结论。被别人讨厌这件事情让大多数人无法接受。

我想,受到这么大的影响大概是因为每个人都希望所有人都喜欢自己(至少不要被讨厌)。在我身上曾发生过这样的事情,曾经的我非常喜欢整理东西,对于我自己的物品都有一套自己规定的摆放标准。图书要按照大小、颜色、类别等井井有条地一字排开；衣柜里的衣服、阳台上的杂物等也是一样，一切都要符合我心中的整洁标准我才会满意。要是有客人无意中动了我的东西没有好好归位，我就会非常生气，一定要立刻亲手把东西归回原位。要是整理的过程被突如其来的电话或是工作打断，我整个人就会陷入焦躁的状态，根本无法专心。当意识到我的强迫症给我的生活带来负面影响时，我才决心做出改变。我不断地安慰自己，所有的物品完全没有必要摆放得整整齐齐，乱也可以乱出美感。说实话，这一过程并不容易，但在经过这一系列的自我斗争后，我摆脱了受物品控制的生活，转而成了物品的主人。

我之所以翻出这段往事与大家分享，是因为我觉得想让这个世上每个人都喜欢你这样的想法也是一种强迫症。因为一个无足轻重的人说了你的坏话就忽略另外100个朋友对你的100句赞扬和安慰，实在是一件愚蠢的事情。

总会有人不喜欢你

我们总是不由自主地渴望得到所有人的喜爱，大概是受到了身边所谓"万人迷"的影响。记得隔壁班那个帅气的班长吗？品学兼优，温柔体贴，打篮球又超级棒，怎么会有人讨厌他呢？还有班里的那个班花，长发飘飘，超会打扮，抽屉里总是塞满情书和巧克

力。这样看来，帅气的班长和可爱的班花就像是完美的人，理所应当受人爱戴，但仔细回想你就会想起来有多少人说过他们的闲言碎语，还有那些夹杂着嫉妒的目光，搞不好连你自己背地里也曾一脸不屑地冲他们翻过白眼。这个世界上没有一个人可以完全被所有人喜爱。

人气超高的全妍儿也有"黑粉"；特蕾莎修女一生行善，也有很多人说那是虚伪造假；四大圣哲各自也有"一车"的反对者，甚至还有人认为苏格拉底是个不存在的虚构人物。

到现在，你还认为是因为你的错才会有人讨厌你的吗？如果你有本事让全世界的人都喜欢上你，那你一定不是个凡人，而且这样的事足以载入奇闻异事录。当然了，如果你非得把这件不可能的事当作你的人生目标，我也拦不住你；但是如果你认为自己是几十亿地球人中平凡的一员，懂得体会做一个平凡人的乐趣，那么就请继续往下读。

来自京都大学的教授镰田浩毅曾提出2∶7∶1法则，这个法则告诉我们，假设你认识十个人，其中两个会变成你的好友，七个是你的普通朋友，剩下的那一个就是跟你不和的人。按照这个规律来看，你的手机通信录，如果里面存着300个联络人，那么有30个不喜欢你的人只是情理之中的事情。换个角度来看，如果不喜欢你的人少于30个，那么你应该感到高兴——你是个人缘不错的家伙。

如果你是一个不安于现状的人，期望自己的人际关系可以变得更好，那么聪明的选择并非是把不喜欢你的人变成普通朋友，而是把两个普通朋友升级为好友，后者的价值远远大于前者。回头看看你的人生轨迹，你有过让一个原本讨厌你的人喜欢上你的经历吗？如果你的回答是肯定的，请你一定要告诉我你是怎么办到的。因为这在日常生活中发生的概率几乎为零。民间流传着这样的说法：对于一个人的第一印象3秒钟就能决定，但是要推翻它却要花48个小时。那么如此一来，让一个原本不喜欢你的人推翻第一印象、消除隔阂、找到你身上吸引他的优点，又得花多长时间呢？有人对此做过研究并指出，假如你与一个人相处10个小时，慢慢意识到并不喜欢对方，而单单想要改变这样的想法就需要至少480个小时。所以说，除非对方是个内衣外穿的超人，不然我觉得你实在没有那个必要。

　　再回想一下你跟死党的相识过程吧，你们是在哪一个瞬间从普通朋友升级为不可代替的密友的？对于你来说，把一个普通朋友升级成死党最短需要多长时间呢？我有个朋友有过这样的经历，有一天他与一个关系普通的同事一起去爬山，谁知天公不作美，一场阵雨说来就来，两个人只好先到小木屋里避雨，然而就在这短短的3分钟避雨期间，两人的关系急速升级成了患难之交。只要你愿意去尝试，无论是短短的3分钟，还是4天3夜说走就走的旅行，都有很大的可能发展出更亲密美好的关系。这是一个简单的计算题。花少于100个小时的时间让自己多一个死党，还是花500个小时去完全改变一个原本就很讨厌你的人？答案显而易见。

滥好人情结

"我有件事一定要告诉你,明天一起吃晚餐吧!"每当接到这种邀约,即使知道对方只会从头到尾炫耀新交的男友,或新入手的名牌包包,你还是会硬着头皮赴约吗?从我开始从事这个工作到现在,遇到了很多不会拒绝的人。我发现,这类人对于我该跟谁见面、不该跟谁见面这样的事情都没有一个明确的标准。我把这类人统一称呼为滥好人。

很多人觉得做一个滥好人不完全是坏的,但现在我要告诉你,这样的想法完全是错误的。一个滥好人会经常在不经意间招惹麻烦,委曲求全,勉强自己做心不甘、情不愿的事情,最让人头疼的是,滥好人最容易被别人利用。

类似的例子我身边有很多,用一句话来讲,就是因为不懂如何拒绝,总被人占便宜。比较极端的是,我碰到过有人因为厌恶自己而心甘情愿地受他人控制和利用,当然这样的个案过于复杂,还夹杂着心理问题,就不在这里过多讨论了。其实大多数人从内心深处渴望得到别人的善待。如果恰巧你也属于此类却又不知道该怎么做,那我告诉你一个最简单的方法——从清理让你不愉快的人际关系开始。

人·际·关·系·小·诊·室

如果你可以回到过去，曾经用掉的那些交损友的时间和金钱，你会怎样利用呢？

亏掉的钱可以拿来买部新手机，浪费掉的时间可以用来和爱人看场电影等，现在请写下你最近与三个"最没品"的人交往的心得。

名字	你们聊的话题	结束交谈后的感想

>>> **住在青州的家庭主妇次英，27 岁**

我有一个爱抱怨的朋友，我们大概每星期都会见一次面，我们习惯在上午碰面，常常等到小孩放学的时间到了才各自急急忙忙回家。她聊的内容几年来一成不变，除了孩子就是她婆婆的闲话。这样一天下来，我心情不但没有变好，反而觉得白白浪费了一天时间，无比沮丧。

人际关系断舍离

如果想治愈伤口,就要在搞砸事情后,学会怎样收拾残局。

——马克·郭士顿

子曰:友直、友谅、友多闻,益矣;友便辟、友善柔、友便佞,损矣。

连孔子这样的圣人交朋友都会有所选择,我们普通大众就更是不能来者不拒了。

认出吸走你能量的损友

在生活中,我最怕的是有事没事都要聚一聚的人,这种类型的人约别人见面从来没有理由,他们经常就想找个人陪吃饭、陪喝茶、陪喝酒。我的意思并非是朋友之间非得有重大原因才能约见,真正让我一直避开这类人的原因是他们有让我无法忍受的共同点:第一,常年传递负能量,不是抱怨老板就是抱怨老婆,从来不听好心劝慰,永远只会一个劲儿地发牢骚;第二,只会说出自己想说的话,说来说去大多都是自己的事情,不懂倾听。

我记得有一次跟前公司的同事小方一起吃饭,饭吃到一半,他的手机响了起来,我注意到小方把手机调成静音扔在了一边。他解释道:"来电话的是我认识超过 10 年的干妹妹,她那个人打电话从来不分时间和地点,我都快被她烦死了。"但那位干妹妹似乎并没有死心,小方的手机屏幕一直闪个不停,无奈之下小方还是接起了电话,接近 3 分钟的时间里都是电话那头的干妹妹独自滔滔不绝地说,小方只得以晚点再回电为理由才脱身。我非常好奇,便问小方为什么会这么讨厌接听对方的电话,小方说这个干妹妹的骚扰有着以下特征:

- 想打就打,不管什么时间。
- 不管对方愿不愿意听,总能啰啰唆唆说个没完。
- 即使别人表明实在不方便接听,还是坚持不肯结束通话。
- 打来电话的唯一目的就是发牢骚。
- 每通电话都能超过 30 分钟。

看到小方对这位干妹妹毫无办法,又惆怅地叹气,我就现场给了他几个建议:

- 电话就算一直响也不一定要接。
- 拒绝滥好人情结。
- 此类骚扰如果不果断拒绝,对双方都没有任何好处。
- 如果决定要接电话,开门见山表明你可以通话的时间;不方便接听就马上告诉对方不方便。
- 想挂电话就直接告诉她,不要不好意思而被对方牵着鼻子走。
- 如果知道对方只是要向你唠叨,选择心情好的时候再接。
- 没有必要因为拒绝当垃圾桶而感到愧疚。

卡内基梅隆大学的心理学教授维基·赫尔格森发现,一个人如果一味付出而忽略自身需求,对身心会造成一定程度的危害。对

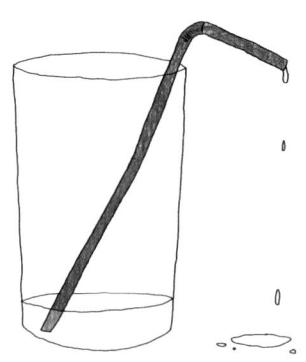

此，还有一些学者进行了为期 6 个月的研究，研究结果表明，人只有在维持自己跟他人之间利益平衡的状态下，才能感觉快乐，并能提高对生活的满意度。

每个人都有一个能量蓄水池，能量也有高低之分。我们同样拥有一天 24 个小时，但是有些人做事的效率远比其他人要高。回想一下你曾经萎靡不振的日子，是否有这样的体验：一件平常只要花 2 分钟就能搞定的事，过了半个小时却迟迟没有进展？相反，当你活力充沛时，短时间内就可以处理很多繁杂的事情。这告诉我们，能量对于我们每个人来说都是一种非常重要的资源，它让你有能力妥善安排、利用时间。

在人际关系中，能量也是宝贵的资源，而你身边那些损友就像是水蛭一样附在你身上，慢慢吸走你的能量。你是否也曾被别人"吸"走了什么呢？把经过记录下来：

- 时间：
- 人：
- 评价：
- 金钱：
- 能量：
- 感情：

分辨哪些朋友会吸走你的能量是非常重要的，当你能准确知道谁是给你补充能量的良友、谁又专门消耗你的能量时,你就会知道,要将谁拉入你的黑名单中。

来自斯坦福大学的教授威廉·弗莱曾召集他的团队做了一项研究,他们观察恋人之间和一般人之间交往时所做的协议,想要知道哪一种协议会让双方都感到愉悦。多数人都觉得,恋人之间的协议会是双赢的,然而结果恰恰相反。

越是亲密的恋人越无法创造双赢,因为他们能做到一心一意为对方着想并且情愿以牺牲自己为代价,结果把双方所得到的利益加总起来就少得可怜。另一研究也发现,如果一方投入过多的感情在另一方身上,那么他总会在不知不觉间放弃根本没必要放弃的利益。每一段人际关系中都隐藏着以上所描述的隐形约定或契约。

如果你是一棵爱心树,任由小男孩随意索取,那么不等小男孩长大成人,你就已经什么都剩不下了。只有先照顾好自己,多吸取阳光、养分,爱心树才能结出满树的果实,从而和更多的人分享。如果你不想亏欠自己真正珍视并且与自己很亲密的人,第一步就是要果断地断绝那些恶性人际关系,不要把宝贵的能量耗在不值得的地方。

闵秀是一位摄影编辑。她就是一个典型的滥好人,她在认识一个人时总是过滤掉对方的缺点,并且不会拒绝。她的同事总是把麻烦的工作推给她,以至于闵秀的工作台上总是堆满了如山的文件,每天的睡眠时间都不超过 2 个小时,自觉走投无路的她只好来找我咨询。

圣母大学的教授研究发现，在收入调查中，利他型的人总收入比平均值少14%。其中，利他型男性的收入比利他型女性的收入少了许多。

请试着填写下面的表格，评估一下自己是不是利他型人格。

最近做过的决定	这个决定是否对别人有利	这个决定是否对你自己有利

如果你的答案多数表达的都是对自己无利却有利于他人的决定，那你就有可能是一个利他型的人。沃顿商学院曾专门研究过利他行为，并对利他型的人提出了这样的建议，一个不善于为自己谋福利的人想要扭转这个劣势，不如告诉自己"我是在替别人争取或协商"，一切就会变得顺利。举个例子，跟上司要求加薪是谋求自身利益，但也可以转换心态告诉自己是在帮家人争取更优质的生活条件；当一个客户向你提出非常无理的要求时，你可以转换心态，告诉自己为了不让身边的工作伙伴无意义地瞎忙、浪费时间，所以我要拒绝这个客户。

要是有一个欠你钱不还的朋友，第二次又向你开口，还想借一笔数目不小的钱，你会怎么办？如果你恰巧是一个利他型的人，不要说因此而断交，你肯定连拒绝的话都说不出口。这种时候，你也可以使用上述的方法。搞不好就是由于你借他钱这件事，你的父母或者妻子还会和你起争执，为了这些你生命中最重要的人，请毅然决然地快刀斩乱麻，与你人际关系中的"水蛭"说再见。一段让你不愉快的人际关系带给你的负能量，不仅会影响你自己，还会波及你身边的人。心理学家曾观察过国际机场航空管制员的情绪变化所带来的影响，当某天工作结束，带着负面情绪回到家后，气愤的情绪无处发泄时，无辜的家人受到牵连的情况非常普遍，处罚自己孩子也会比平常严厉。

你是否也有这样的朋友，每次见面不是抱怨就是发牢骚？和他们见面以后你心情糟糕透顶，连带着被你拖下水的人都是谁呢？不妨细细回想一下，填写一下下面的表格。

滚蛋吧！"水蛭"	
姓名	
他"吸"走了什么东西	
因为他都有谁受到了影响	
离开这个"水蛭"后你所能预见的结果	

我的第一份工作是在一家保健食品公司负责招募代理商。有一位代理商就住在公司附近，这样的便利条件加上工作上的往来，我们见面也频繁起来，渐渐熟络后，经常在下班后约饭、约酒。每次喝酒也都是固定在一家酒吧。

他这个人花钱大手大脚，出入酒吧的次数和花的钱数都高得惊人。因此，没几次，我们就成了那家酒吧的 VIP。发展到后来，他开始伸手朝我借钱。为了借给他钱，我还一度还不上信用卡，差点因此失去信用。那段灰暗的日子给我留下了深刻的印象。也正是这件事让我明白了，什么叫作交友不慎，悔恨终生。这也是至今为止，我都将"近朱者赤，近墨者黑"作为座右铭的原因。

建立人际关系中的防御系统

国际珠宝大盗为了得到俄罗斯公主戴过的价值连城的钻石，需要冲破一层层指纹辨析等生物辨识系统的先进防盗设置，还要有过硬的功夫和丰富的经验，才能通过布满激光防盗网的长长的走廊，费尽心力和体力才得以接近藏有钻石的宝库。这样的电影桥段大家都不会觉得陌生吧？所有故事里的宝贝都有森严的保护，我们自己最珍贵的心房当然也不能少了防御系统，要随时抵挡"大盗"的入侵。然而，对于这件事情，却很少有人上心。大多数女人对心爱的名牌包保存得极为用心，除湿剂、填充物、防压袋一个都不能少，定期做养护、每一个细节都不肯放过的态度，甚至到了让人无法理解的程度。但是，她对待自己的心却好像完全不会如此讲究。

敏静在一家电视台做节目企划，她本是一个文静内向的姑娘，但是这份工作却不是一个人能完成的，她要不停地做采访、一次一次进行团队协商,每天都要和许多不同的人打交道。时间一长,她就开始怀疑自己无法胜任这份工作。但是做节目企划是她一直以来的梦想,这份工作对她来说很难得,想到这里,只能咬牙坚持。以为熬过去就好的她,每天有着开不完的会,应付着一个接一个无理的要求,迎合一个又一个人,整天都处于崩溃边缘,回到家就把头藏在被子里号啕大哭。

之所以会发生这样的情况,不是因为别的,就是因为敏静并没有为自己设立一个健全的防御系统。在了解情况后,我请她填了下面的表格。

我无法忍受的人	我的防御策略
没有时间概念,总是习惯性迟到一个小时以上的人。	提前一个小时电话提醒,如果对方表示会迟到一个小时以上,就改变约定时间。
没有界限,爱开黄腔的人。	没有必要勉强自己迎合着挤出笑脸,用冷处理、"扑克脸"回应。

应付这些麻烦人物的方法并不是一出生就知道的,大多都是经过后天修炼才懂得的。对我来说也是一样,一开始,我也对这号麻烦人物无计可施。就在 5 年前,我的咨询事业刚起步的时候,有一个朋友就缠上了我,每次他对我说"我就想跟你聊聊,一起吃个

饭吧"时，我就有一种想死的感觉，因为我们每次见面，这位朋友不是喝酒吹牛皮，就是唉声叹气。我实在是不想与这类人深交。侧面提醒了这位朋友好几次，情况还是没有好转，反而继续恶化。于是，我启动了自我防御系统。首先，我尽可能不接、忽略他的来电，就算是在无奈之下接听，也会把主动权紧握在自己手里，绝不拖泥带水，想挂电话就马上结束谈话。

这样的人一开始很难应付，但你只要多和他们交手几次就会慢慢得心应手。在我讲座期间，偶尔也会碰到过于热情的粉丝，总是缠着我提出问不完的问题。如果我怕耽误下一节课，我就会立刻启动自我防御系统，抓住机会说："您要走哪一边？这边吗？真不巧，我要走那边去上下一节课了，那就在这里说再见喽。"然后赶紧脱身。大多数人一开始这么做的时候都会心怀愧疚，觉得不好意思，但是体验过几次成功摆脱麻烦人和事的快感之后，就会有一种打开新世界大门的感觉：这么做一点都不困难啊，真想不通以前的我为什么要违心地迎合他人、委屈自己！

若是把我至今借出去没还回来的钱，还有拖欠的演讲费用加在一起，也有1000多万韩元了。有一笔演讲费用竟拖了有两年之久。后来，我给那个主办人发了一条这样的短信："老板，最近生意还好吗？之前跟您提过，我目前手头有点紧，所以您尚未支付的演讲费用能不能分期支付给我呢？每个月只要付两三千就可以了。我最近出现了一些经济状况，还请您谅解。"

我相信不光是我，有许许多多的人也正为此类事情苦恼着。"借钱时是孙子，还钱时是大爷"或"因为借钱这点儿破事，连朋友都做不成了"这样的话你应该不觉得陌生吧？人际关系中，金钱是一个敏感的话题，必须更加谨慎严肃地对待。话说回来，自从我发了上面的催债信息后，每个月都会收到一笔私房钱哦。

刚开始建立起防御系统时，大家都需要有一段适应的时间，这就像系统兼容一样。大家都喜欢和和气气，大事化小、小事化了，这也是一种常见的心态。但只要你下定决心，听从内心的抉择，拒绝别人一次，你就会有深切的体悟：别扭的感觉当然会有，但那只是一时的，从中得到的平和的心情却可以维持许久。

断与舍的技巧练习

若是有一天你下定决心开启了你心中的那道防御系统，但还是有人没有改过的迹象，而且还步步紧逼，那么我建议你真的没有一丝丝留恋的必要，爽快地抽身吧。

有一次，我请我的学员们写下了一份名为"我真的再也不想和这些人有交集"的黑名单。我为大家总结出了这种人常见的特征，写在下面供你们参考。

- 吹牛从不打草稿
- 目中无人

- 说话粗鲁，不分场合
- 说的话比做的事漂亮太多
- 不能包容别人，只看得见别人的缺点

最干净利落的方法应该就是删掉与对方的所有联系方式。我认识一个人，在这方面做得很彻底，也很成功。这位先生是一家蔬菜公司的老板。他交朋友的原则是互利互惠，有来有往，对那些只会借钱，一味索取的人是很反感的。于是，这位可爱的先生把那些黑名单上的联系人姓名都统一改成了"怪物1号""怪物2号"等，当电话响起，看到这些"怪物"入侵，他就会准确无误地"漏接"电话。我觉得这办法不仅有效，而且还充满创意，很有意思。

如果大家还是心软，没办法直接删除，那么这个方法就可以马上学起来了。就算只是单方面删除，那一瞬间通体舒畅的感觉也是值得拥有的。如果真的不小心误解了，也没关系，真诚地说明理由，道个歉："不好意思啊大哥，最近手机不小心误操作，手机号码都没了，哈哈哈哈哈……"如此一两次，对方再自我感觉良好，也会领会你"烦请保持距离"的意思。

还有一种比较特别的"告别仪式"，这里也给大家介绍一下。这是一个叫允美的姑娘讲给我的亲身经历。那是在她高中时发生的故事。允美有一个和她一直相处得不错的死党，但是分班的时候她们很遗憾地没有分到一个班，这在学生时代就像是"异地友情"了。允美跟那个死党的交集越来越少，在不知不觉当中就疏远了她。一天，那个可爱的死党塞给了她一本日记就头也不回地离开了。一头雾水的允美打开了日记才发现，满满几十页的少女心情，描述了死党在那段时间因为允美与自己疏远而产生的小情绪。那本日记，似乎起了魔法般的作用，允美主动道歉，两人和好如初，直到现在还是很要好的朋友。看！多圆满的结局。

差点儿分道扬镳的两个女孩因为告别的最后通牒而重拾友谊，感情甚至比原来还好。这就是"告别仪式"的奇妙作用。大家不妨都试一试。以后在丢掉旧物或者与陪伴了自己一段时间的人或物告别时，面对对方诚恳地进行道别："感谢你一直以来的陪伴，真的非常感谢。但是现在我不得不告别了，希望你以后的日子里也能开心幸福。"这样一个简单的小仪式，也许能帮你更好、更坦然地与一段关系或一段承载着记忆的时光画上一个句号。毕竟，"告别"永远都带着情绪，有时"再见"真的不容易说出口。

当然，有时"再见"意味着更好的相逢。一个老板感觉一个员工非常不称职，最睿智的做法并不是一味打击对方，而是把他调到一个更适合他的岗位；如果是朋友，也可以在给对方介绍一个更合拍的人后，再全身而退；就连分手的场合也会有这种"高段位选手"出现。当然，你不要觉得具有这种技能的人"太过圆滑"，我更愿意称之为"圆融"。毕竟，谁的人生路上没有几场离别呢？离别不是什么值得庆祝的事情，但是一定存在着更好的离别——说最后一声再见时，再最后帮扶对方一下，把他也把自己推向更好的生活。

10

建立新的人际关系

早上睁开双眼,

就要用"今天至少要为一个人带来喜悦"的念头开始新的一天。

——尼采

聊完了如何清理旧的人际关系,那么接下来就要聊一聊怎样建立新的人际关系了。《建立人际关系就像打橄榄球》的作者乔·史威尼在书中写道:"场合不是交朋友的第一考量,发掘自己的热情所在才是。"

第一步就是要搞明白你真正感兴趣的到底是什么。去健身房练人鱼线,疯狂 k 歌,还是参加读书会?这都没问题,做你真正喜欢的事情,你就会不知不觉间展露你最有魅力、最热情的一面。我想,一定会有人因此而想亲近你。

好人脉不一定在远处

有一个清醒、准确的自我定位是做每一件事情之前都需要先搞明白的事情，交新朋友也是一样。你到底是一个怎样的人？你期望认识一个什么样的朋友？你可以带给对方什么，又希望对方给你带来什么？至于相识的契机完全不必太过担心，你每天都有大把的机会认识新朋友，就看你会不会把握了，比如，那些喝咖啡时坐在你邻座的人、每天都会在早班地铁上碰见的人。其实，只要你学会"破冰"，每天都会有一场美妙的邂逅等着你。现在，我们先聊一聊关于"界限"的问题。

举个例子来讲，一些同一个公司但是不同一个部门的同事、朋友的某个朋友、朋友圈互相点赞的人、跟你在同一家健身房练肌肉的人、没有过交集的校友，我相信，你的生活中一定有大把这样的你想试着进一步深交的人，但是在这样"试水"的过程里，"界限"问题就变得非常重要了，如何在一个你规划的界限内认识新的朋友呢？让我们先试着为"界限"下一个定义吧。

- 不想让对方觉得彼此之间距离遥远，永远不会有进一步交集的人。
- 可以归到同一个社交群组的人。
- 在红事白事时会想到要不要打个电话邀请到场的人。
- 在社交软件上有互动的人。

跟你们分享一个我的经验。那时我应征入伍，作为一个新兵蛋子在车辆预备部工作。当兵的日子枯燥又无聊。有一次，我脚上长了一个瘤，住进医院爽爽地待了两个月。那段时间，我没事儿就去部队图书室看书。有一次，我发现旁边有一个战友在弹钢琴，就兴奋起来。我从小就特别羡慕会弹钢琴的男生，经过介绍，我知道了对方叫喜宝。深入了解之后，我发现我俩特别合拍。直到现在，我们还是非常要好的朋友。

你看，当兵住院都能交到好朋友，这就说明，我们常常会和缘分不期而遇，于我、于你都是一样的。

锁定目标！谁是你期待遇到的人

如果你做好准备，想要扩展一下新的人脉，那么你就要锁定那个你期待遇到的人。

我在筹划这本书的时候，认识了人脉管理专家李美娜小姐，她就是那种会让每一次见面都变得有趣的人，每次和她聊天我都有一种如沐春风的感觉，每次约好时间见面后，我都会兴奋得从一大早就开始期待。

今天的你有没有约个人去咖啡厅坐一坐？如果有，那你有没有一份期待的心情呢？你觉得对方会有这样的心情吗？

会特别期待与一个朋友见面，这就说明这位朋友其实就是你精心挑选过的，而不是随随便便一个电话打过去约见消磨时光的人。在教育界摸爬滚打很多年的李根哲英语文化研究所的创办人李根哲先生因为工作关系见识过各种各样不同类型的人，对于挑朋友这件事也有自己独特的见解。

他这样说："其实一个人的日常生活习惯就可以暴露他的为人。单单是看在饭桌上的表现就可以看出个大概，比如，有的人喜欢一个人吃饭，有的人在饭桌上总是先照顾别人，事实上，这在某种程度上反映了他们的工作方式和态度。一个人喜不喜欢喝酒、运动、参加文学活动等，以及这些日常的事情占据他时间的多少，都可以看出他大概是一个什么个性的人。"

选朋友跟选对象是一样的，你得有一个自己的选择标准。当然了解对方是需要一定时间的，但如果少了这一套标准的话，你很快会将自己推到尴尬的境地。如果到目前为止你还对自己的标准摸不清、看不明，不如就从"期待遇到的人"为突破口，一步一个脚印，慢慢堆砌出属于你的人脉城堡。

对于这个问题，我曾在讲座上问过我的学生，对于"期待遇到的人"大家都有自己的答案。有人想跟明星邂逅，有人想和作家相识，还有一个学生说："我好想跟李嘉同教授见个面。如果我直接去他的办公室堵他的话会不会被保安拉走？"

事实上，那些你梦想的邂逅和相遇不一定在遥远的地方，它也会在看似平凡的日子里出现。比起窝在沙发里看偶像剧，跑到东西南北各大机场接机，或是在谁的办公室门口打地铺，还不如在属于你的世界范围内找到适合你的人选。下面提供实例给大家参考一下。

"在自己还是个职场新人时，认识了同样是新人的同事。如今两年没有联系，现在想拿到他的联系方式，再联系上他。"

"我不喜欢团体活动，生性孤僻，但最近还是鼓起勇气参加了以前就想加入的动物保护协会。"

"一直想认识一下朋友口中那个风趣幽默的家伙。"

我想你的生活里也一定存在这样的人，仔细想一想吧。有没有与一个人的约会会让你非常期待，期待到觉得时间过得太慢？有没有一个人你现在就想立刻跑过去见他？

寻找共同点

如今社会太过浮躁，节奏太快，快到让我们很少有时间来审视自己、了解自己。如果你也一样，对自己到底想和什么样的人做朋友这个问题还没想清楚，可以看看你已有的朋友们，看看他们身上是否有什么共同点。当你进行这样的归纳时，很容易就能对自己的"喜好"有一个了解。

下面是我的学生列出的几个例子。

- 非常公正，从来不偏袒。

- 对 20 世纪 90 年代的老歌没有抵抗力。
- 比起酒吧更中意有情调的咖啡馆。
- 都有一些擅长的运动。
- 喜欢手写的信件。

你会问我,就算列出这些特征又有什么意义呢?我这样告诉你,如果一个人非常痴迷于 20 世纪 90 年代的老歌,说明他对经得起时间考验的经典比较中意;喜欢泡咖啡馆胜过泡酒吧的人,比较重视交流和互动的质量。只要试着进行这样的简单剖析,你就能慢慢画出你想要结识的对象的一个轮廓。再看看下面列出的几个特质,哪方面是你在意的呢?

- 可以设身处地为别人着想。
- 非常有创意,而且很有趣。
- 一直在激励我,和我一起成长。
- 爱冒险,每次聊天都有新的故事可以讲。
- 成熟又稳重,干练又有条理。
- 擅长自我管理。
- 是一个值得信任的人。

这样就能慢慢了解自己真正想要结识的朋友的类型,就像是拥有一只"天眼",一旦缘分降临,你才能够把握住机会,才不会与对方擦肩而过。比起那些不切实际的幻想,就这样发现身边的美好本身就是一个更聪明、更正确的选择。

赴约前做好准备

我在做业务推广的时候,认识了在一家知名书店工作的柯兄。因为工作关系来往几次后,我发现我们性格很合得来而且又有话聊,就私下发展成了朋友,到现在也有联系。有一次,我去他的工作地附近见客户,就约他出来吃饭。在聊天过程中,柯兄突然说:"你知道吗,你是我认识的人当中最特别的。因为你每次对我都好像有问不完的问题,所以跟你聊天的时候我也会去思考好多问题。"经他这么一说我才知道,我是个超级爱问问题的人,从询问对方周末打算干什么这样的闲话,到工作上有没有什么难题这样严肃的话题,再到你觉得10年后的你会过着什么样的日子,这些我都问过,而且还不厌其烦。后来,我跟同行交流了一下,发现他们大多都是跟我一样爱关心别人的"鸡婆"性格。

作为一个资深"鸡婆",我在这里就要问问各位,在赴约之前你会不会做些准备呢?如果你的回答是否定的,那么下次赴约之前,请先准备好三个问题。

拿我来说,我会一直关注别人社交软件上的动态,这样就可以帮助我提前想好三个问题。比方说,"济州岛旅行怎么样?发生什么好玩的事情没有？""你家孩子在学校过得顺利吗？""公司下一季度的营销提案你想好没？"等。其实这么做的理由很简单，当你自然而然地问完这三个你准备好的问题时，你就会发现，这些话题会很自然地引出很多其他话题。这样，聚会的气氛也会好很多。看到没，寻找话题就是这么简单！

这些问题不一定要多么的严肃或者一针见血，你要知道，你问这些问题本身是在透露你对对方生活的关心。我想这样的关心，也一定能好好传达给对方。这样就够了。

下面，我要讲一下在赴约之前的一系列准备工作了，请你们认真听听，不要嫌麻烦、耽误时间。毕竟懒人没朋友。

- 可以尝试配合对方的服装搭配。
- 先看看对方的朋友圈，了解对方的近况。
- 如果对方已经为人父母，一定要记住他孩子的名字和年纪。
- 提前掌握一些对方可能感兴趣的新闻。
- 查好赴约地点，最好查一查附近有没有人气很高的饭店或有意思的地方。
- 准备一份心意大于价格的见面礼。
- 为他量身准备3个问题。
- 准备3件发生在你身上有意思的事情讲给对方听，越有趣越好。

如何在别人面前表现得更轻松自在

其实，人们在一个不太熟识的人面前，多多少少都会有些拘谨。没关系，这是常有的事情。有一位公司的总经理曾这样鼓励自己手底下那些业绩不佳的员工："你们既然能把自己的媳妇儿都追到手，跑业务的能力肯定也有。"这句话我想套用在人际关系上："只要你有一个朋友，就说明你有跟其他所有人搞好关系的本事！"

出现跟别人见面不自在的情况，大多是因为在两方中有一方表现太过不自然，把对方也传染了。人们常说3秒决定第一印象，有好多人都太过急功近利，想在短时间内极力表现。也有些人为了让自己看起来更自信，一直抢占谈话主导权。但这些都是不聪明的表现。我想说，没必要这么手忙脚乱，不如换个平常心，轻松愉快地度过每一秒不也很好嘛。

我很尊敬的心理学家凯蒂·李简奎斯特就说过："你如果想靠策略操纵别人对自己的印象，很容易就会让对方觉得你是自私、冷酷和不值得信赖的人。"那就不如抛开一切，轻轻松松做自己。

这个世界上存在着各种各样的人，有些人真的天生腼腆，话少得可怜。或许大多数人都会觉得这样的人不会有太好的人缘。但是，依我长期观察来看，答案却是相反的。因为话少，这类人反而更擅长倾听，所以这类人大多拥有很多知心的朋友。应该说，关键不在于你是个什么类型的人，也不在于你逼迫自己装扮成别人心中的理想类型，而在于你要了解自身的特质，并好好挖掘，展示你的独特魅力。

那么，如何在别人面前表现得更自在、更自然呢？传授你一个妙招——直接一点！我就认识这样一个家伙，他很快就可以和别人打成一片。原因很简单，就是他直肠子的性格。他从不刻意掩饰自己，坦率地表达快乐和伤心以及害怕的心情。他会跟初次见面的人，坦率地说："其实我现在很紧张呢。"对方马上就会放松警惕，气氛也随之缓和。

在这里，我也建议大家为自己量身打造一套放松策略。我很喜欢的一个演员韩石圭曾在某台节目中坦言自己特别能让人陷入尴尬的境地。他对待别人过于彬彬有礼，过于客套，所以在无形之中建立一个难以亲近的形象。和工作人员在一起时也是一样，过了很久双方都没有熟络。后来经过一番自我检讨，他决定改变形象。配音员出身的韩石圭在聊天的时候会有意地掺杂一些无伤大雅的玩笑话，据说这种做法非常成功。

在赴约之前一定要告诉自己：放轻松，不要太急于表现，没必要在第一时间就亮出底牌。

聪明的人总是让别人成为中心

你想认识的人近在咫尺，你要怎么做才能把对方拉进自己的朋友圈呢？大多数人这时都会卖力地表现自己的优点，然后滔滔不绝地说出自己的高见。但是调查指出，这样做其实并不会给别人留下什么好印象。研究发现，不管是私下还是公共社交场合，多询问对方的意见，反而能更好地促成人际关系。

心理学家凯蒂·李简奎斯特也做过相关的实验。当卖家对买家说"我这边是整个市场的最低价"时，成交率只有 8%；但如果卖家向买家询问"怎样的价格会让您感到满意"时，成交率则达到前者五倍之多。

心理学家乔恩·杰克和大卫·朗迪也做过类似的实验。他们邀请一些受试人员，并告诉他们实验团队会报销他们的路费。

当实验结束后，他们告诉其中一批人："坦白地说，这次实验的经费一开始就不够，给大家报销的钱是我们自己掏的腰包，如果你们不介意，能把钱还我们吗？"听到这样的话，几乎所有的人都把钱还给了他们；而另一批人则没有被告知这些话。最后的结果是，那些没拿到钱的人反而比顺利拿到钱的人对工作人员的好感度还高。

畅销书作者马克·郭士顿在其《心理学家的倾听术》一书中，摘录了世界上最有影响力的 100 个人的口头禅：

- 是我的错。
- 嗯，我从没这么想过。
- 这个问题我需要你帮我一起解决。

约翰·马克斯韦尔在他的书里也有相同的看法。有一回他参加演讲，演讲的主题是"勇于承认错误对于领导的重要性"。其间，有一位企业总经理悄悄向他提问："领导者不是应该尽量不表现出脆弱的一面吗？"约翰毫不犹豫地回答："你以为大家都是傻子，所以才看不见你犯的错吗？只是他们没有明说罢了。当你意识到自己犯错时，第一时间承认才是最好的选择。"

当你想博得另外一个人的认可时，难免会显得矫揉造作，不够自然。对方也是一样，这是人的通病。如果这时你改变自己，尝试着把镁光灯聚焦在对方的头顶上，让他充分体会到你对他的认可，让他觉得有面子，他就会觉得跟你相处真的非常愉快，并且想跟你有进一步的交往。

凡事贵在坚持

有一件发生在我身上的小事让我深受感动。那时，我在淑明女子大学办了一场讲座。讲座结束后，经公司经理介绍，我认识了申熙先教授。教授对我说："真的非常感谢您举办这场讲座，我学到了很多。如果您下次还来这里举办讲座，我还会过来参加的。"后来我真的有幸再次去了那所大学演讲，那位教授也真的来了。讲座结束后，我第一时间跑去和他打招呼，说实话，我没想到他会把这件事放在心上，因为平日里说这样客套话的人太多了，所以对于他的信守承诺我非常感动。

世界上的成功法则也许有很多，但是依我的经验来看，最靠谱的就是"持之以恒"这一条了。只要认真坚持做一件事情，一定会取得对方的信任。有些人天生不善言辞，办事也没有其他人那么利落，但凭借着他们的一腔热忱，照样过得精彩，正所谓："日日行，不怕千万里；常常做，不怕千万事。"

有一家专门负责企业培训的顾问公司，这家公司的总经理赵荣汉先生曾跟我分享过他的经历。十多年的职业生涯中，他一共积攒了三千多张名片。每一个人的生日他都会努力记下来，每年都会为对方送去生日祝福。

第一年，那些祝福短信宛如石沉大海，没有一点回应，第二年也是一样。到了第三年，偶尔会收到"谢谢"之类的简单回复，但是这并没有打消赵荣汉先生的热情。到了第五年的时候，他开始收到"真的很感谢你每年都能记得我的生日"这样的回复。这件事让我了解到，在经营人际关系时，持之以恒具有多么强大的力量。

因为工作往来，我有幸认识了一个公司的董事长朴哲元先生。交换了联系方式后，我经常能收到他分享的关于经营公司的文章。每次我都会认真阅读，并且对他也有了进一步的了解。后来我才听说，朴哲元董事长一开始只是把这些文章发在一个10人的社群上，但是慢慢传出了口碑，两年时间过去了，社群人数达到了两万人之多。

追求速成，像是现在这个时代大多数年轻人都会犯的错误。彼

得·德鲁克曾经这样说过:"一年之中可以做的事情看起来有很多,但是把时间拉长到五年,可以完成的事情却好像变少了。"

人际关系也是一样,学会把目光放长远,要看到五年以后,不要只把目光都聚焦在明日或者一个月后。容易受人青睐的人往往都有持之以恒的品质,一个持之以恒的人往往更值得信赖。你可以参照下表进行未来五年的人际关系自我评估。

姓名	好感度	目前的关系	五年后是否还保持联络	策略计划
洪秀吉	+2	×	○	每个月至少约见一次。
孔慧乔	-2	○	○	多通电话,到釜山出差时,不管多忙都约对方出来吃顿饭。
金哲秀	+1	○	×	靠网络经常保持联系。
赵永熙	+3	×	○	每星期都要见一次。

如果让你用简单的语言来描述你心中理想的人际关系,你会怎么描述呢?我的版本是这样的:"尽量减少让我不开心的,多一些令我愉快的,然后把这样的模式持之以恒地保持下去。"在你读完这部分内容时,请试着用创造理想乌托邦的心情填写下面的表格。

	你想减少的	你想增加的
朋友		
做某事的时间		
性格		
社交途径		

✉ >>> **住在玉水洞的德亨，37 岁**

　　填写上面这样的表格对我来说非常难。要知道，我今年已经 37 岁了。我的生活单调又乏味。加班是家常便饭，回到家就是补觉，偶尔休息一天也都是在网吧度过的。我对自己这样的生活并不满意，所以在填这样的表格时，每写一个字就像是再一次审视自己赤裸裸的、无聊又失败的生活，我觉得自己实在非常可悲。似乎我的生活里并不存在那些值得我去珍视的人和物。毕竟我目前的生活都已经被在网吧里认识的不知道名字的人和各种电玩占据。我衷心希望以后我的生活里不仅仅有这些，但愿这个愿望可以实现。

04 每天只需15分钟的超级关系整理法

11

整理完毕后的联系人

> 我人生中绝大部分的成就，都得益于我认识的人和认识我的人。
>
> ——博恩·崔西

"你有××的电话吗？"这是过去15年的时间里身边的人经常会问我的问题。近15年的时间因缘际会我认识了不少人，我整理出了三四百人的联系方式。

虽然每次我都会说一句："当我是查询台啊？"但是对于把联络方式整理得井井有条这件事情我还是非常骄傲的。当然，每隔一段时间我都会多多少少地问候一下他们，了解对方的近况。

手机是近代伟大的发明，几乎人手一部。可以说，随时随地，我们都可以存上手机号码、写下备注和备忘，功能非常强大，只要你妥善利用，手机对人际关系整理的帮助是非常巨大的。

"辞旧迎新"：第一步是整理

如同年末大扫除的顺序一样，整理联系人（包括社交网站的好友等）的第一步就是"辞旧迎新"——删除没有必要的联络人，做完这一步，剩下的就是对你来说有必要接着联系的人了。在这样的基础上再进行分类会简单得多。

如果你是那种怀旧情结严重的人，删除电话号码对你来说艰难无比，只能说你想得太复杂了，这本来就不是一件多么困难的事情。比如，早就倒闭的餐馆的订餐电话号码就是你应该删除的，留着它只会浪费你的手机内存。我想，各位的手机通信录一定长久未清理了吧？"大扫除"之前，各位可以看看下面的删除参考标准。

- 超过一年没有联系过。
- 未来不想再联系。
- 给你带来伤害，未来也可能成为你的阻碍。
- 已经不再使用的号码。

在我的课堂上，我时常会留出一段时间，让来听课的学员当场进行这样的"大扫除"，以下是大多数人都会删除的联系人。

- 前任男友或女友的朋友。

- 不靠谱的销售。
- 经常占你便宜、背后又排挤你的同事。
- 宗教信仰不一样的人。
- 曾经背叛过你，在你背后捅你一刀的人。
- 一次也没有联系过的人。
- 完全没有合作希望的假性潜在客户。
- 换工作以后就再也没联系过的前同事。
- 孩子之前的家教老师。
- 搬家前公寓附近的餐厅订餐员。
- 社交APP自动推介的联络人。

现在也有很多非常不错的整理电话簿的APP。

创意体验公司总经理赵元荣在了解到关系整理术后的第一时间里，就删除了近600个联系人。值得表扬的是，他怀着感恩的心与每一个要删除的联系人做了告别。同时他也坚信，未来要填补这近600个空位的新朋友一定是让自己生命更完善的人。

在我的课堂上，删除联系人时的气氛是最嗨的，大家似乎早就有着这样的想法，只是迟迟没有着手去做罢了。下面是学员们在删除联系人时的感想。

我今天删除了长久以来让我觉得痛苦的联系人，虽然不愉快的记忆不会在删除电话号码时一起被删去，但是这样的举动对我来说

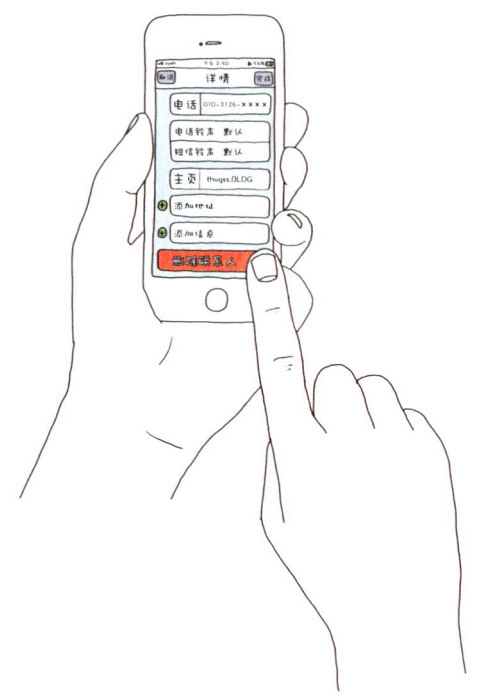

似乎是一个鼓励,以后我再也不必抱着不切实际的期待生活了,这样想想,真是痛快。

每次在社交软件上看到某人的状态时,心情总会在无意间受到影响,无法平复。趁着这次机会,终于果断地说了再见,不再折磨自己。

我删掉了那些短暂接触后就再也没联系过的人,我想在未来的日子里,我们大概也不会有什么交集了。删完后,我心情很舒畅。我决定以后时不时都要这样整理一下电话通信录,甚至对于以后还会删掉哪些人而感到好奇，也期待这次关系整理会给我接下来的日子带来一些正面影响。

认真填写每一个联系人的信息

一般的智能手机里，每个联系人都能添加最少十项资料。不妨就从这里开始，认真填写每一个联系人的相关资料吧。

以 Google 通信录来说，它的优点就是可以同时与电话通信录和社交 APP 达到资讯同步。照片也很重要，可以从社交软件里找，如果真的找不到本人照片，就设定一张符合他性格的图片。比如，嗜酒如命的朋友就可以用酒瓶的图片代替，如果你的朋友是金城武的迷妹，索性就用一张金城武的写真来代表。

除了姓名，最重要的信息就是其所属的公司名称和岗位了，这一点是必须认真填写的，而且还要时不时根据情况进行及时的更新。工作用和私人用的两个联系方式也是缺一不可的，避免对方跳了槽就从你的世界里消失。输入对方生日后也可以同步设定在日历上，再加个提醒，到时候可以为对方送上一个暖心的祝福。

最近几年，手机功能越来越强大，同步功能也是非常全面。只要把联络人的社交网站网址输入到通信录对应栏里进行链接，他的社交网站页面即可展现。同样的道理，如果你把他的博客地址也一起填写正确，就可以连接到地图 APP，只要手机在你手里，你朋友

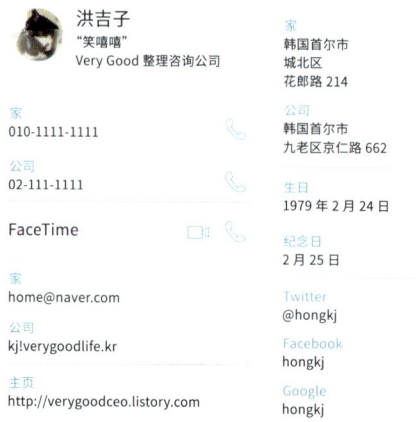

家离你的远近和路线都是轻而易举就能得之的信息。

备注栏也是不可忽视的,你可以把与对方过去见面的地点和发生过的重要的事情记录下来,为以后的交往做一个参考。如果是工作上往来频繁的人,对方的银行卡账号之类的信息也都要记下来,免得一而再、再而三地问对方一样的问题。

当然,当你完成这些后,也要记得时常进行更新,保证信息的准确性。

已经断掉的人际关系,有必要重新连接吗

好多人都对是否与已经疏远的人再次交往感到犹豫不决。"已经断掉的人际关系,没必要重新连接了吧?反正气场也不太合的样

子。"这是人们常用的说辞。

企业管理学教授丹尼尔·莱文曾做过一个相关的实验。他让两百多个经理级的人物去联系已经超过三年不联系的人。这些人被要求和两位旧同事再次取得联系,向对方表示自己进入了事业瓶颈期,并寻求对方的建议。之后,这些参加实验的人又被要求拿同样的问题去问一直保持着联系的人。经对比发现,那些已经生疏的前同事提供的建议要比那些老熟人提供的建议实用、中肯得多。

与你关系疏远了的朋友大多都会在过去一段时间里过着与你不相似的生活,也正因如此,能从你看不见的角度去审视你的问题,并给你一套新鲜的解决方案。莱文教授指出:"重新与疏远的朋友产生交集这件事情,跟与陌生人建立人际关系是一样的,但不同的地方是,你们在过去的相处中培养出来的信任感不会因为长久的疏远而凭空消失。"

我经常会在讲座上突然要求我的学员给一年以上没联系的朋友发个短信。他们中有些人会显得犹豫不决,也有不少人马上把信息发过去。让人意外的是,大多数人在短时间内就收到了回复,然后就是突如其来的饭局。

惠英就是其中的一员,结婚后她就辞了工作,在家相夫教子,做全职主妇至今也有一年时间了。她给之前的主管发了短信,了解到那个主管已经自立门户,开了个小公司,两个人聊起了共同的朋友、未来的打算,以及各自生活的变化,结果越聊越起劲儿,根本停不下来。

如果你也有那种纯粹因为疏忽而慢慢疏远的朋友，现在挽救还完全来得及。如果你担心冷场，快把下面的黄金句式学起来吧。

- 你最近忙什么呢？
- 有什么我能帮上忙的吗？

当然了，与一个人疏远也有另一个常见的原因，就是你曾经不经意间冒犯了对方，或者你们之间产生了误会，没有解开。如果是这种情况，我建议你放下身段，从主动道歉入手。需要谨记的是，千万不要追究谁对谁错。

下面给大家介绍一下很有效果的道歉的四元素：

- 自责：坦承自己的错误，并真诚道歉："对不起，这是我的错。"
- 弥补：找到可以弥补对方的方法，即使很难完全做到，但一定尽力而为的态度必须要有。
- 修复：让对方感知到你已经认识到了错误，也吸取了教训，并且决心不会再犯同样的错。
- 请求原谅：要得到原谅，就要努力改过。你也可以直接询问对方如何才能补救，然后尽力照着对方说的去做。但这时大多数的回复都会是"已经没关系了"。所以说，只要你诚心诚意，一定可以让嫌隙消除。

文字信息的表达效果

有些人天生敏感,光看一个眼神就能知道对方心中所想;有一些人却有些迟钝,关心的询问和单纯的唠叨都分不清。这两者之间确实存在着差距。接下来,就让我们看一看你能否接收到对方所要传达的真正信息。有哪些是在传达"我支持你"这样的信息呢?

请翻开手机查看最近的短信记录,记住对象不能重复,类似于"哦,好的"这样简短的短信内容也不要计入其中,下面是我给大家举的例子。

收件人	内容	是否支持
金作家	是啊,在家工作的话多多少少都会受到孩子干扰,辛苦了。	支持
吴经理	好的,我会尽量配合你的进度。	支持
孔老板	开业大吉。不过这年头生意越来越不好做了。	不支持
尹美英	你赶紧去和那个渣男复合吧,现在就去啊!	不支持

你在生活中一定也碰到过不少美好的事情和不好的小插曲,当那些事情发生时,你有没有收到祝福或者慰问的短信呢?它们的内

容是不是也是套话呢？回想你人生中的重要时刻，比如你的毕业典礼、结婚典礼、孩子出生的日子、第一次升职，等等。那时，你所怀着的是怎样的心情呢？你会被怎样的安慰或祝福所打动呢？这样怀着同理心，当遇到别人人生中的重要时刻时，就不要用一句简单的"恭喜"敷衍过去。试着写一写你内心深处真实的感受，或者抒发一些小感慨，也可以开个小玩笑。最后再真诚地问一句："你现在的心情怎么样？"

其实，短信是维持人际关系的一个必备工具。好好摸清其中的门道，多花点心思，你绝对会受益匪浅。

学会广结善缘：介绍朋友圈里的人互相认识

我们公司里有一个出了名的红娘小姐，这个姑娘的人生乐趣似乎就是给别人牵线搭桥。在生活中，我常常见到许多人对当月老有些排斥。其中原因除了怕大龄"剩斗士"性格怪僻，还有就是怕好事未成，会背负连带责任。我们公司的红娘小姐却相反，她经常听到很多相亲条件，比如"我有个朋友想找男朋友，你帮着介绍一下呗，我朋友的身高是一米七，男人的身高怎么也得要一米七五以上，不能太小，要成熟"等。但是红娘小姐并不会把这些看在眼里，只要有一到两点符合，她就会安排两人见面约会，至于结果好坏她并不介意。她认为相见即是缘，即使没有修成正果，至少也是难忘回忆。我听说，由红娘小姐介绍的好几对恋人都相处得十分愉快，有几对已经顺利步入了婚姻殿堂。

回到正题，如果在你的朋友圈里，有两个你觉得有共同点且会合得来的朋友，你不妨也介绍两人见见面。当然不是说非得以谈恋爱的目的来组局，多个朋友总不是坏事，对吗？

其实，我也是个热心的"乱点鸳鸯"的圣手，也超级喜欢给别人介绍工作。虽然不一定成功，但近几年我手上的成功案例也达到了两位数。看到优秀的人就想把他介绍给另一个优秀的人认识或者给他推荐一份好工作，这对我来说是非常自然的事。

对于被介绍的那个人也是一样，不管结局好坏，他其实都会心存感激。于他来说是额外的机会，他自己也会格外珍惜。你们之间的感情也会因为这样的事情而维系得更好。

12

当下的这一刻才是最宝贵的

> 最重要的人是谁?眼前人。
>
> 最重要的事情是什么?在做的事。
>
> 最宝贵的时间是何时?眼下。
>
> ——列夫·托尔斯泰

所谓的"相处"是人际关系中重要的环节。第一件要做的事就是安排出时间赶紧约起来,"找个时间吃个饭吧"这句话也许时常被你挂在嘴边,但是那个"时间"何时会到来呢?

把握当下,立刻行动

对于没有把握当下这件事,我曾经有一段不堪回首的往事。那时我还在念小学,有一次我们一大帮同学去一个女生家里玩儿,那个女孩子正好是我暗恋好久的班花。看穿我心思的铁哥们儿说要给我们制造机会,就把我和那个女孩一起推到墙角,对她说:"善铉有话想跟你说。"那时,朝思暮想的暗恋对象近在咫尺,我却一句话都说不出来,反而紧张得想吐,只能转身逃开。当我再一次被朋友拉回来时,只见那个女孩对我冷冷一笑,不屑地说了一句:"你真是个孬种。"然后就对我们下了逐客令。事情发生几天之后,我因为父母工作的关系搬了家,转了学。但是在我的记忆里,那段本该甜蜜的人生第一次暗恋再也没有了挽救的可能,而我最不甘心的就是,最后留给那个女孩"我很孬"的印象。不过也因为这次经历,我开始学会了把握当下。

想要维持、增进人际关系,找时间聚一聚是必不可少的。就像有人每周一、周三、周五都会去健身房上瑜伽课来保持身材一样,人际关系也需要你安排固定的时间去经营。当然,单单约见是不行的,你还要好好规划一下,以便让你们相处的这段时间是有品质、有质量的。

这是之前发生在我身上的事了。有一位很优秀的中小型企业老板来听我的演讲,后来也参加了我的读书会,一来二去我们相处得还算不错,甚至到了讨论合作的地步。有一次,我因为突发事件给他打电话,想要改约其他时间和他见面。他的反应大得让当时的我很是意外:"你这个人如果连最起码的遵守约定都做不到,那我觉得我们没必要再见面了。"当时我有点慌张,但冷静下来后,我才惊觉，在我与他的相处过程中，我经常有这样的行为！后来，虽然我诚恳地向他道了歉，但这段关系依然没有得到挽救。换句话说，我因为没有遵守约定而被对方拉入了黑名单。

因为这件事我自我检讨了很长时间。过去的我因为要到处去演讲、上节目，觉得取消或者延误与别人的约会是顺理成章的事情。没想到这次却踩了雷区，得到了一个深刻的教训。这个故事我也曾经对郑长焕经理说起过。他听完，也跟我聊起了一件发生在他和一位年轻后辈之间的事情。有一次他和这位许久没见的年轻后辈约了一起吃饭，这位年轻后辈见到他说的第一句话就是："不好意思，我只有一个小时的时间。"听完这句话，郑经理立刻收了笑脸："那么我们以后就不要再联络了。"郑经理的结论是：爽约是最失礼的行为，是愚蠢者的行为。我非常同意这个观点。以前我认为自己开了家公司就理所当然地比别人忙、理所当然地可以一次次不遵守约定。我却没意识到，这些都无法成为浪费对方时间的理由。

有一段时间，我发现周围的人看到我说的第一句话不再是"过得怎么样"，而是"很忙吧"。一开始我还是蛮得意的，但经历这件事情后，我才发觉，这绝对不是什么值得庆祝的事情。我现在为自己订下的目标是，不管自己多么繁忙，人前也要"看起来"不忙。在最艰苦的那段创业期我也告诉自己，一天的会议不要超过三次，并且不断自我监督、自我提醒："今天我有没有唐突地冒犯到谁呢？"

正在看这本书的大家，在你们与别人相处时会不会太过粗心，没有考虑对方的感受呢？是不是也有过"下一次再约也一样"的想法？如果你的答案是肯定的，请拿起电话约出对方，好好道个歉，尽快修补你们的关系，免得像我一样后悔莫及。要记住，不是所有的人都会一次一次不停地包容你。

养成好习惯！制作每周人际关系行程表

10 多年前，我在进行 Franklin Planner 推广计划的同时，已经在开关于时间管理的课程了。虽然现在这个观念差不多已经成了常识，但在当时还是一个蛮新鲜的概念。我那时上课说的第一句话就是："时间管理无非就是做好两件事，一是安排行程，二是列出待办事项。"这句话套用在人际关系上也是合适的，每一段人际关系都需要用时间来经营，那么为了好好利用时间，就要好好规划待办事项并提高行动力。

假设你每天都跟一个人联系一次的话，那么一年以后，这个数字会增加到 365 次。如果这件事情真的被你办到，那么你就是当之无愧的"人气王"了。

一天一次听起来像是个很容易达成的目标，可真正能做到的却没有几个人。原因在于，你从未养成与朋友联系的好习惯。而要培养一个新习惯，最简单易行的方法就是结合你的旧习惯。如果你做不到彻底贯彻一天至少与一个人电话联络，不如稍退一步，变成一天至少给朋友发一条信息。从上厕所刷微博的时间里挤出那么几分钟,发一条不少于 45 个字的信息,对你来说是否容易多了呢?

接下来,让我们规划一个星期内的人际关系如何经营吧。

很多朋友都说自己很忙,没有这些时间。朋友,你再忙,会比市长还忙吗?一方面,为了处理突发事件,首尔市市长朴元淳的行程会刻意不排太满,保持弹性;而另一方面,为了市政府人员能时刻联系到他,他的行程也尽可能透明化。为了满足一系列的需求,朴元淳市长正是以一个星期为单位来管理时间的。

星期一、星期四用来处理例行公务。星期二下乡,听取各方民意。星期三定为"元淳之日",他可以灵活安排,处理杂事。而星期五则是反省日,所有专家和相关市政府人员一起探讨,寻求更好的发展之路。

星期一	我一个人的时间
星期二	新朋友日
星期三	生意场之日
星期四	同事日
星期五	闺蜜日
星期六	家族日
星期日	信仰日

自从朴元淳市长公开拟定了这样的行程后，政府工作人员都表示认可："这样一来，很快就能跟市长取得联系，然后更快、更好地解决问题了。"

如果我们学到了以上妙招，同样就可以更好地利用自己的时间去建立更多的人际关系、与更多的人联络感情。接下来参照下面的例子来制订一个专属于你的一周行程吧。

星期二参加聚会，认识新朋友，星期四跟同事多一些额外的交流。你是不是很想要尝试一下呢？

如果你想以一天为单位安排自己的行程，你可以把一天分成上午、下午和晚上三个时间段。以一个标准的上班族来讲，可以运用的时间大概就是上班途中、中午用餐时间以及下班后的时间了。时间是挤出来的，就连每天搭公交车的时间都可以拿来做很多事。比方说我，我每天都会坚持在上班路上打电话问候朋友，这样一个月下来也能跟不少的朋友联络感情。如果打电话让你觉得负担太重，那么花个两三分钟发个信息也是不错的选择。

下面讲一讲午休时间的利用。我之前在韩国经理人中心上过班，公司内部有这样的一个规定——凡是新员工，都要一对一地跟每一位同事吃一顿饭。要知道那时我是一个工作狂，午餐几乎用一桶泡面解决。当我慢慢适应跟同事一起吃午饭之后，连带着改变的还有我午休时间也用来工作的习惯。因为经常挑选一起吃饭的餐厅，也额外对公司附近餐厅的情况都一清二楚。

成功学里一直有一条黄金定律,一直独自用餐的人往往与成功绝缘,就连星巴克总裁霍华德·舒尔茨都有约别人一起吃午餐的习惯。虽然偶尔一个人享用午餐是美妙的事情,但我想说的是,午休时间也完全可以利用起来经营你的人际关系。

大部分人早餐都是与家人一起吃的,午休也都忙里偷闲。不妨就从现在开始来改变一下,你邀约的对象不一定是重要的客户,也可以是其他部门的同事、少有交流的主管、新来的后辈,这些人都能成为你的午餐伙伴。

十年前我主动邀请过一个新人吃饭,如今那个后辈已经是我公司里不可或缺的顶梁柱了。此时的你,心中是否已经有了一个理想的名单呢?

下班后你应该至少有一个小时可以和朋友约见。在这里,我建议你在出发前的三十分钟内做些准备;如果目前没有邀约,那就不妨回忆一下最近的人际关系状态,整理一下收到的名片,更新通信录,给你的死党打个电话,确定是不是有谁的生日马上就要到了,等等,用这些时间进行人际关系的整理也是一个不错的选择。

这里附上我自己的人际关系整理规划。

上午

- 确认有没有尚未回复的消息。
- 确认是否要外出,如果有就联络附近的朋友约时间见面。

- 在路上查看社交 APP 上的留言并回复。

下午

- 在社交 APP 上分享自己的状态。
- 在下班回家的路上查看别人的动态。

下班后

- 记录这一天内与人会面的重点事宜。

星期六

- 把一星期内收到的新名片的信息存储到手机里。

星期日

- 安排下一周的行程。如果出差的话与当地的朋友联系，安排约会。

每日

- 查看通话记录和短信，确认该联络的人都联络了。

每季

- 整理名片以及 VIP 人脉，更新手机通信录。
- 查看通信录，复习一遍每个联络人的资料。

每年

- 对一年以来要感谢或道歉的人进行整理。
- 计划一年一度的与好友的跨年聚会。

按照你的实际情况，建立一个属于你的人际关系整理方式吧。时刻监督自己。贵在坚持，时间长了之后就会习惯成自然，你就会自动自发地经营与朋友的关系。

	与谁	想一起做的事	不想做的事
每日			
每月			
每季			
每年			

年终人际关系回顾

就像各种媒体和网站在年底都会列出年度十大新闻一样，你也可以在岁末回顾过去的一年，审视一番自己的人际关系，再选出年度之最。

身为一家公司老板的我，跟人打交道成了家常便饭。每到年底，我都会从中精挑细选出三类人——要致谢的人、要道歉的人、新朋友。下面是我在 2013 年末所列的名单。

要致谢的人（在过去一年中帮助过我的人）
- 朴正贤老板：给了我很多关于公司经营方面的建议和协助。
- 金宽主所长：经常主动给我打电话，在企业管理课程方面有独到的见解，会针对我不足的地方提出宝贵的建议。
- 洪淳晟所长：给了我很多演讲机会，教会我用 Evernote 软件整理资料。

- 张正贤教授：我们在一次讲座上相识，学识渊博、待人和善，从他身上学到很多做人的道理。
- 李恩纯老板：在讲座上交到的朋友，后来也成了我顾问公司的客户，在公司经营方面给了我莫大的帮助。

新朋友（过去一年里新结交的朋友）

- 李英石先生：脸书好友，常常和我一起喝下午茶。他让我了解到忙工作之余整理好人际关系的重要性。
- 郑振磨馆长：我们在一场公益讲座上认识，离开时他邀请我去给他的员工上课，后来真的请我去了。在这个信守承诺的人越来越少的年代，他的存在对我来说是一种安慰。
- 安尚栋先生：我们曾一起参加研讨会。在我遇到财务管理的问题时，他为我出谋划策，在公司经营上也给了我很多实用的建议。
- 柳善宗先生：给了我在社员音乐会举办的志工讲座担任讲师的机会。活动结束以后，我们成了社交媒体中的好友，希望一直能与他保持联系。
- 黄志慧干事：在 2013 年一个暑期班认识，最初让我印象深刻的是她的自我介绍。经过进一步了解，她平时也致力于公益事业，在她的推荐下，我才有机会参与志愿者活动。

想道歉的人（过去一年里因为我的错误而被牵连的人）

- 朴 XX 老师：为我促成了一次针对大学生的讲座，但是我没能赴约。

明年我一定会更积极地把握机会，不辜负大家。
- 郑 XX 经理：我总是因为单方面原因取消与您的约会，但您却一次一次地包容我，我十分惭愧与感动。承蒙您的爱戴，我会努力成为更好的人。
- 离职员工：非常遗憾无法成为你们经济上的强力支柱，公司的成长可能还没达到你们的预期。真诚期盼你们一切顺利，若将来有再次合作的机会，欢迎大家回来。

像这样的整理，可以体现你一整年的人际关系成功与否，要对谁说声谢谢，又要对谁说声抱歉也一目了然。跑遍各地跟所有人讲解整理的重要性是我的工作，也正因为这样一份工作，一年之内我要与数以千计的人交际。这些人中当然免不了有不好相处、不怀好意的人。我想，你的人际关系中也会有不愉快的事发生。人对于坏事的记忆比对好事的记忆深刻许多倍，所以不好好客观地审视一年来的人际关系，很可能就会忘记那些一直在你身边帮助你的人。审视的另一个作用就是，督促我们为生命中多一些值得感谢的人、少一些需要道歉的人而努力。

每天 15 分钟，打造更亲密的关系

想拥有一段更亲密的关系，只需每天花上 15 分钟就可以了。

花 15 分钟的时间，在一个地方闭上眼睛想一想对方以及你们之间的关系，这种安静的整理方式非常适合性格内敛的人。马修·凯利曾说："懂得思考的人会对人类感到敬畏。"

我们公司就有一个员工，她似乎有一种瞬间看透别人性格的特异功能，因此许多人都愿意听她的建议。我也一样，每次我去询问她的看法时，她一般会先从夸奖开始，再用一种轻松的语气指出我的不足，她给出的解决方案往往都非常实用。和大多数人一样，一开始我也以为她的这种特异功能是与生俱来的，后来经过聊天才知道，事实不是这样的。

"老板，其实我没有什么特异功能，大概是因为我是独生女吧。我身边没有同辈人，要学会了解一个人对我来说似乎有点难，我会在这方面多花些时间。比如，午休的时候，我会想您今天是不是也像往常一样吃饭团；下班后，我会考虑您今天最棘手的工作；连打扫卫生时，我都会想您是不是也需要做家务。这些零碎的时间加起来，每天差不多都会有 30 分钟，我会用这些时间想您的事情，我一开始就知道人际关系是我的弱项，所以才下定决心多花时间来用心改善。"这位员工进我们公司已经 3 年多了，如果照她所说一天花 30 分钟在想我的事，也就等于到现在为止，她在研究我这个人方面总共花了 550 个小时，所以她对我这么了解就一点不会让人奇怪了。

薛查理在他的一本书中曾提到，他与他的妻子约定每天用 15 分钟的时间审视心中的彼此："我们面对面坐着，一有机会就会静静地凝视着对方,就好像我们可以望进彼此灵魂最深处一样。"

对人际关系的反思也是同样的道理,每天累积一点对对方的认识,总有一天你会深入了解对方。

新体验带来的机会

跟别人聊天经常会冷场,通常是因为自己的生活总是一成不变。家和公司两点一线,稍微勤快点儿也就是一个月去一次健身房。虽然平淡的日子没什么不好,但是长期如此很可能就会缺少新鲜的话题,与朋友聊天时会觉得没什么可聊的,说来说去除了八卦就是自己新买的一件什么衣服。

永远不冷场的人一般都有一个共同点,那就是他们都会定期挑战一些从没做过的新鲜事。

这里我说的挑战新鲜事,不是什么心血来潮的旅行,也不是跑去一家新开的餐馆尝鲜,而是投入四个小时左右的时间真正体验一件从前压根儿想都不想的事情。下面我举一些实例方便大家理解。

- 学习煮一杯正宗的滴漏式咖啡。
- 品酒。
- 去看一场之前从不涉猎的展览。
- 骑马、打高尔夫球、钓鱼、打台球、射击、露营。

- 去现场看足球、篮球、排球等比赛。
- 报名参加文学研讨会,看欧洲艺术电影或者纪录片,去参加法律讲座。
- 用单反拍风景,学习素描和刻印章。
- 看画展。
- 去看看车展,现场观看一次赛车比赛或者一次拳击赛。
- 自己动手做模型。
- 学插花、养鱼、种花。
- 学一种乐器。
- 去科技馆看机器人展览。
- 去看一次真正的歌剧、舞台剧,学跳舞。
- 学习做甜点。

除了上面这些,生活中还有许许多多新奇的领域等待你去探索。如果平常你就外向好动,不妨试试看安静的艺术展览;如果你本来就是个文艺青年,那么不如换个风格,挑战一些运动项目。世界这么大,去认识不一样的自己吧。

当你做好选择后,不要抱着无所谓的态度,提前查一下相关资料,做做功课。比方说,当你决定去体验一把甜点吃到饱的下午茶时光时,就可以在路上查一查哪些店的甜点知名度高,哪家甜点看起来比较合你的意,那家店里都有什么招牌甜点,还有关于甜点的有趣小知识等,你甚至也可以研究研究人类是什么时候开始爱上甜点的。你看，光是做这样一件事情，就会给你的生活带来好多新鲜的体验，下次再见到朋友，还用怕没有话题聊吗？

如果是想谈恋爱的朋友，可以从意中人的喜好入手。我身边就有一个女孩，特别文静，平时喜欢追剧和看书。身边的朋友给她介绍对象都以失败告终，因为双方没什么共同话题，自然亲近不起来。有一次，这个女孩被同事强拉着去看了一场棒球赛，没想到从此爱上了这项运动。成为超级球迷的她还在棒球场上找到了中意的灵魂伴侣，开始了感情生活。对一个男生而言，一个可以对棒球、汽车等话题侃侃而谈的女生是非常具有吸引力的。同样的道理，一个女生说起咖啡的话题，如果一个男生说"我学习过煮滴漏式咖啡"，我想，那个女生肯定会再一次约见这个男生。

如果你也想认识形形色色的人，但担心自己与他们没有共同话题，不如每个月抽出几个小时去做一件新鲜事。这种事情只要做一次，你就会受益良多。在分享给朋友心得的同时，自己也会变得见多识广，慢慢地你将变成一个更加优秀的人。

如果你真的忙到一个月都抽不出几个小时，那么还有一个办法教给你，那就是看杂志。虽然现在网络媒体很发达，但不管是质量还是选材都比不过实体杂志。值得提醒的是，不要终年只看一种类型的杂志。要广泛涉猎，并且尽量选择在一个领域里最权威的杂志。你可以做个计划，比如，一月份看时尚杂志，二月份看生活杂志，三月份读男性杂志，四月份看科普杂志，五月份看文学杂志，六月份看健康杂志，七月份看电影期刊，八月份读政治杂志，九月份看人文杂志，十月份看财经杂志，十一月份看科技杂志，十二月份看旅行指南等。如果你真能像这样广泛地从各种渠道吸收不同知识，你跟任何人都可以聊一整天。

享受工作之余的聚会

如果你想认识某个领域的人，就要去那类人经常出现的场所。打个比方，如果你想认识一个注重养生的人，那么比起去酒吧，在读书小组里遇见他的可能性会大很多。

现在很多年轻朋友理所当然地认为，在酒吧里搭讪的成功率比较高，但又经常抱怨很难遇到理想的对象。归根究底，是他们找错了地方。我身边有一个单身男青年，本做好了这辈子都不结婚的打算，结果在一个读书会里认识了情投意合的女朋友，现在已经有了结婚的打算。所以说，一个特定人群目的很明确的聚会往往就是你找到理想对象的黄金场合。

我的妻子也是个文静、内向的人。我们结婚后，她的生活重心都在家庭，很少和朋友聚会，因而对于乐于在外应酬的我也经常表示不理解。我们的女儿出生以后，她开始去文化中心打发时间，一开始因为独自一人，她会觉得有些不好意思，但坚持每个星期去两三次后，竟然慢慢沉浸其中，还交到了不少朋友。现在，她也经常会和那些朋友聚会喝酒，在网上也聊得很嗨。

以前她的生活只围绕着我和女儿,现在有了新的朋友出现,可以倾听她诉说的人也多了起来。我能很直观地看到她整个状态的变化,每天似乎都很有活力、很开心的样子。

日本畅销书作者本田直之说,他挑选要参加的聚会一直遵守三个原则。一、聚会目的要鲜明。举例来说,推理小说研讨会就比小说研讨会具体得多,这样参与者会有更多的共同点。二、聚会来宾要实力相当。有些聚会对参加人员不做要求,这样鱼龙混杂的场合很容易突发一些不愉快的事情。三、懂得回馈,参加自己可以有所贡献的聚会。如果你只一味索取而不懂得适时付出,那么一个聚会再适合你,你也逃不了被其他人冷落的命运。

如果你担心有些聚会一旦参加了就很难脱身,那么你可以事先进行查探,给自己三次机会,对要参加的聚会进行不同方面的了解之后再决定要不要参加。

一个好的聚会可以让你学到很多东西。我在创业初期就参加过一个叫"青年企业家论坛"的聚会,认识了许多可以互相鼓励、共同成长的伙伴,也学到了许许多多关于公司经营的方法。后来有一次我进行演讲时,深感自己正在原地踏步,很难有长进,就邀请 Peopleware Education Group 的总经理和几位讲师举办了一次关于培训优秀讲师的聚会,我从中受益良多,托他们的福,更上了一层楼。

以 Social Note 的黄成真总经理为人脉中心成立的脸书社团

"Bridge People"有各行各业的人士参加，每月举办一次聚会。正是在这个聚会上，我有幸认识到了一名国会议员和几位知名教授。我虽然后来因为工作量太大而不得不遗憾地退出这个社团，但是它依然是我人生路上一段美好的回忆。

说白了，人际关系其实就是各取所需，聚会也是一样。你想得到什么，就要去可以得到那样东西的地方。当觉得该离开时，就自然离开，寻找下一个阶段最适合你的团体。没有必要对每一段关系都执着地想要维系一辈子的时光。那么，接下来考虑一下自己对哪个领域感兴趣，试着挑选一个聚会参加吧。

现在，网络世界的发达给生活带来了巨大的便利，查询参加各种各样的团体或者聚会是极其简单的事情。剩下的就是抽出时间，每周固定参加活动了。比如，你可以加入自行车车友会，每个星期抽出一两个小时跟成员一起来一段短程的骑行，岂不快哉？

如果真的没有感兴趣的社团也没有关系，你可以自己组织一个。2006年我就在筹划整理顾问公司初期，创立了一个"整理顾问课程讨论会"，经博客招募，一开始就有15位志趣相投的朋友来参加。

那一年，我们会固定一个日子每个月见一次面。也多亏了这些朋友的帮助和打气，我才克服了创业初期的种种困难。后来，我又创立了"整理顾问研究会"和"整理的力量读书会"，每次聚会同样都有固定时间且目的明确。我们分享每个月的整理趋势，互相推荐跟整理有关的书籍并一起探讨其内容,彼此都学到了很多东西。所谓人多力量大,当你遇到瓶颈时,与其一个人承受、挣扎,不如去跟这些志同道合的人交流,互相帮助。这样你会更快地成长。

13

场所的力量

> 现在陪在你身边的人、
> 你常去的地方和你阅读的图书都可以表明你是一个怎样的人。
>
> ——歌德

要明白,场所有可以改变一个人的神奇力量。在一个脏乱差的环境中生活和在一个美好干净的地方生活是两种完全不同的体验,你的思想以及行动都会因此而受到影响。我开公司的一个目的就是把关于整理的体验传达给每一个人。一次,一位不会整理的客户找上门来,据说她的丈夫每天都要踩着散乱一地的书籍和杂物出门上班。我们用了一天的时间整理了房间,把所有东西都整齐归位。晚上,丈夫下班回家后惊讶不已,还退出去一再确认是不是自己家。同时,妻子也惊喜地发现,家里变整洁后,丈夫也不再像以前那样乱扔脏袜子,他会谨慎地把西装挂进衣柜,保持一切井然有序。

在不同环境中的人会有所不同的,就像电影《冰雪奇缘》的男主角和《人猿泰山》的男主角一样。一个在寒冷的国度,具有过人的勇气和非凡的坚毅,一个在热带地区生活,拥有热情开朗的个性。环境对人有很大的影响,这一点早在古希腊时代就被希波克拉底、希罗多德等人注意到,我们现在称之为"环境决定论"。

来自空间的力量:寻找最佳约见地点

我们一般约朋友见面时,大多都不会花太多心思挑选地点,随便一家咖啡厅或者约定俗成的老地方都是常见的选择。好像只有在男女第一次约会时才会在地点选择上花心思。

其实,地点的选择并不是一件多麻烦的事情,网上一搜就可以找到很多不错的约会地点。也有很多网友评分,食物的口感以及环境好坏都可以一目了然。值得一提的是,现在似乎很多人都认为灯光昏暗的场所才是理想的约会地点,那么事实是怎样呢?这里有一个相关的科学研究。

来自美国斯沃斯莫尔学院的肯尼思·葛根博士曾发表过一篇名为《黑暗中的异常行为》的论文。论文中提到这样一个实验,他们请四人一组的男女待在一个三平方米的私密空间里共处一个小时。在灯火通明的情况下,大家都表现得很安分,只有少数人产生了性冲动。接着实验人员把灯光调暗,九成人开始有身体接触,一半以上的人进行了拥抱，更加难以置信的是，超过 80% 的人都产生了性冲动并主动分享了自己的秘密。实验证明，昏暗的地方会显得比较有情调。如果想让彼此间产生一些小火花，那么选择灯光稍微昏暗的地方应是个不错的选择。

现在，我们已经知道，人际关系也会受到场合的影响，接下来我们就讨论一下当跟重要的人见面时，该如何选择一个最佳地点。

秘密基地：寻找可以留下美好回忆的地方

你小时候有没有跟你的死党建造过秘密基地呢？日本著名建筑师尾方孝宏在其作品《建造秘密基地》一书中这样说道："随着时代变迁和地区的不同，关于秘密基地的称呼和材料都会有所改变，而每一个由不同性格的人建造出的秘密基地的功能也是不一样的。每一个秘密基地在被建造或被使用的时间里都会承载不一样的隐秘回忆。我曾采访过不同时期的不同秘密基地建造者，当回忆往事时，他们都不约而同地微笑着讲述那段时光。这又是为何呢？我想是因为那段隐秘时光对我们来说珍贵无比。"不仅仅是这样的秘密基地，我认为任何一个可以给我们和其他人留下共同回忆的地方都能给我们带来愉悦的感受。

我跟朋友对西江大桥就有着特别的感情。那时我与死党熙宝约好一起共度平安夜。那时我们都是单身又没钱的年轻人。两个大男人一起过圣诞节已经是一件非常糟心的事情，又赶上两个人的信用卡都出了问题，身上的现金凑来凑去只有二百五十块钱。但那时并没有感觉自己有多凄凉，两个人一起说说笑笑，在便利店站着吃泡面，互相调侃着，也乐在其中。

午夜的钟声快要响起的时候，我们外出，路过西江大桥的时候，看到了对面的两个女生，一时兴起冲着她们大喊："圣诞快乐！"没想到得到对方的热情回应。我们有些兴奋，跑过去一看，竟然一个人影都没有。我们还互相嘲笑对方单身太久，以至于产生了幻觉。那一晚我们曾在微醺的状态下约定，下一个平安夜要带着各自的女朋友一起度过。结果第二年，熙宝真的交到了女友，而我还是单身。第三年，我们都跑去跟各自的女友单独过，后来各自成家，大家突然之间就好像变得很忙。但如今，每次路过或看到西江大桥，这段年轻时的回忆就会不由自主地涌上心头。如果有机会，真的也非常想完成当时的约定。

还有一次，我跟几个小学同学回到母校，在操场上一边散步一边聊起各种各样的回忆。聊到学校流传的怪谈，还有当时看起来那么大，现在看起来却很小的操场。记忆涌来，时光仿佛倒流，不禁感慨万千。

我相信你的记忆里也一定有这样的"秘密基地"。下一次，如果约好跟一个你珍惜的朋友见面，请在地点选择上多花一点心思吧。以下是一些参考。

- 初次相遇的地方。（母校、客户公司楼下的咖啡厅、已经被拆除的某个建筑的原址。）
- 一个发生过特殊事件的地方。（电影院的后排、校园里的小树林。）
- 以前经常去的地方。（上家公司附近的咖啡馆、车站旁边的星巴克。）
- 可以勾起你们共同回忆的地方。（爱说脏话的老板娘开的店，每次光顾时，你们都能回忆起自己的前老板。）
- 有共同朋友的地方。（前老板开的饭馆、朋友打工的咖啡厅。）
- 对方会中意的地方。（露天咖啡座、可以吃到饱的甜品店。）

主场！餐厅的选择

本田直之曾说，场所也分为主场和客场。如果韩国国家代表队在国内比赛就是所谓主场比赛，要是到巴西去比赛就是客场比赛了。一样的道理，对于你来说，你熟悉的家、办公室等地点就是你的主场，其他地方就是你的客场。跟比赛时一样，主场往往会对你比较有利。本田直之在其书中向大家建议，尽量在自己的主场与别人约见。可以邀请对方到自己的办公室或去自己挑选的餐厅一起用餐。如果是你经常去的店，热情的老板也能帮你一把。餐厅的选择不一定越贵越好，他说："有许多非连锁餐厅的装修都有自己的特点，舒适的环境、亲切的服务人员和老板，只要满足这些条件，你绝对能看到对方脸上浮现出的会心的笑容。"

可能是我的个性如此，也可能跟我从事的行业有关系，我对挑选场所有一套几近严苛的标准。把公司开在光化门附近是我从年轻时就有的梦想，所以只要到达那一带，我工作的热情以及效率都会大大提高。若是回到以前工作的地方会有一种亲切感，偶尔经过与前女友经常光顾的店就会伤感一下。

我非常喜欢给新朋友推荐一些我经常去的老店。

我带人去自己经常光顾的老店还有一个非常重要的原则——只带自己喜欢的人去。要让对方感受到，你不仅是请他吃一顿美味可口的晚餐，还想与他分享你的喜好与回忆。我之前恋爱的时候，经常和女朋友一起去一家饭店吃饭。虽然时过境迁，但每次回到那里我都有无限感慨。有时出差到当地的话，我一定会去光顾，偶尔也会心血来潮，改变原定路线去那里用餐。每次介绍新朋友到这家店时，我都会说"这是我经常跟前女友约会的地方"。听到我这样说，几乎所有人给我的反应都是会心一笑。这样一来，气氛变得融洽，而且对方也会更愿意与我分享他内心真实的想法。

像这样味道好、环境优，又带着故事的餐厅，你可以趁闲暇时就动手列出几个。除了上网搜索，还有很多其他途径，比如朋友推荐的、同事介绍的你都可以记在脑子里。最好的情况是你拥有不同地区的餐厅名单，这样当你在外见朋友时也有更多的机会占据主场优势。

- 节假日经常光顾的店。
- 与前任男友或女友约会时常去的店。

- 口味跟你相似的朋友向你推荐的地方。
- 美食网站上的热门店家。
- 利用手机 APP，查看你附近的好餐厅。

一起去旅行吧，积累共同的回忆

要知道，韩国的公司一直重视员工培训。我也有过类似经历。给我留下最深印象的是一次参加公司组织的员工培训。分组拍摄电影短片，生存游戏，我都是在这家公司做培训时第一次经历的。这是一家作风严谨的公司，即使是组织员工参加三天两夜的旅行都会认真地印制导游手册分给每一个参加的员工。手册上面详细记录了路线、注意事项以及紧急电话等，事无巨细，一看就做足了功夫。也正是因为这样，即使参加人数很多也没有出现过什么问题。虽然我离开这家公司已经有很长时间了，但是那批一起参加培训的同事都私下保持着不错的关系。

这么看来，如果你想与一个人互相了解并成为朋友，最快的方法就是与对方一起聊天、吃饭、喝酒、旅行了。相处的时间越久，见面的次数越多，彼此的距离越容易拉近，双方才会在共同的世界里创造属于你们的回忆。

造访各地，拜访各种人，到各大企业举办讲座是我的工作之一。见过的人和事多了，我渐渐也就练成了这样的本事——从课堂上的气氛可以判断整个公司的文化如何。如果台下的学生与我积极互动，通常这个公司的公司文化就比较优良；如果台下鸦雀无声，每个人都面无表情，那么该公司的公司文化就好不到哪里去。我之前参加公司举办的登山活动时，观察过身边的同事，发现大致可以分为以下几类。

- 戴着耳机沉浸在自己世界的人。
- 一直只在本部门同事旁边的人。
- 电话不离手，不分场合一直在打电话的人。
- 走得很快，企图把所有人都甩在身后的人。

我也发现，生活中人缘本来就很好的人更懂得如何与别人创造共同的记忆。他们会在登山前一晚多准备一些食物分给大家；准备好创可贴，以免有人意外受伤；如果看到有女同事爬得吃力，会第一时间帮忙提重物；上山也好下山也罢，都会换着跟不同的人聊天，显得其乐融融。如果你以后也遇到同样的活动，作为过来人，我建议你立下目标，把握机会，扩展你的人脉。

除了公司举办的很多有意思的培训活动，自己与朋友一起规划旅行也是很棒的选择。我曾经在韩国经理人中心工作过，在那里我认识了同事李载石，他是一个喜欢到处去玩，到处结交好朋友的人。他身兼数职，除了在公司上班，同时也是一名作家和摄影师。他经常在网上召集和他一起去旅行的人，也很欢迎大家把家人和朋友一起带上，正是因为这样，他认识了很多不一样的人并和那些人发展为朋友。

我一直在讲场所对于人际关系的重要影响。虽然上面讲到很多选择场所的方法，但是我觉得一次共同的旅行带来的效果才是最佳的。

- 计划今年和死党一起旅行。
- 周末约朋友到郊外野餐。
- 如果再次参加公司举办的员工培训活动，锁定一个你想要进一步了解的目标。

邀请你的朋友到家中做客

我对邀请朋友来家里做客这件事一直饱含着热情。还记得2004年，我刚刚成为职场新人时，就邀请公司里的十二位同事到我家举办部长的送别会。那时候我租的房间只有七平方米左右。我没有自己准备什么特别的食物，只是叫了几家口碑不错的外卖，然后去超市买了一些酒水饮料。有两三个同事提前过来帮忙，考虑到空间问题，我们把床立在墙边让房间变得稍微宽敞一点。因为我经常打扫，所以朋友们都吃惊地夸赞道："你家床底下比我家客厅地板还要干净！"那一次的送别会虽然没有什么大场面，但是那一晚和那一晚发生的小插曲都牢牢印在了我和朋友的脑海里。后来，朋友们逢人就要讲一遍："你知不知道那个自己开公司的善铉？我记得好多年前我们一群人到他家做客，结果……"

家永远是一个神奇的地方。家可以让一群人聚集起来，在这个空间里发生的故事也很难从记忆里抹去。如果你曾去过一个人的家中做客，那么在往后的日子里再谈起这个人，你就会想起他家中的装潢和附近的街道景象以及一种难以用文字形容的美好感觉。就我来说，我觉得我到现在还能和很多小学同学都保持着联系一定也和儿时常常跑到别人家做客有着密不可分的关系。

每当我进入一家新公司，我都会邀请新同事去自己家里做客。一开始，我在他们心目中只是一个 30 多岁、性格内向的男人。但是当我把我生活的空间展示在他们面前，他们看到我收藏的黑胶唱片以及保存完好的黑胶唱片机，就会对我有所改观——这个人还蛮懂欣赏艺术的嘛。

家对于每个人来说都是最私密的地方，也是可以展现真实一面的地方。所以，看一个人的家，就等于在看一个人的过去、现在，甚至可以猜测到未来。就像当初我的同事见证了我家床下干净的地板，不也正好预示着我开设一家整理咨询公司的未来吗？

请朋友来家里做客特别适合平常犯懒，不愿意打扫卫生的人。试着用心做几张邀请卡，邀请一些想要接近的人，定下日期。有了明确的日期，就会好好打扫装饰一番自己的家了。既可以改善生活

环境又可以增进人际关系,一举两得,何乐而不为呢?

还有相当一部分人对邀请别人到自己家做客有一种排斥心理。他们觉得隐私会被侵犯,收拾屋子太过烦琐,各种饮食准备也很让人疲惫。就算做好了一切准备,他们也担心自己不能让对方感到宾至如归,会一直怕对方觉得自己家太寒酸。就算他们在离自己家仅几步之遥的地方碰到熟人,也会花钱去咖啡馆坐一坐,而不会把对方领进家。其实我完全理解这样的担心,但是退一步来讲,这个世界上还有什么地方比你家更让你感到舒服,让你更自在地在别人面前展示真我呢?

其实,把别人邀请到自己的家里是一个打开心门的过程。你允许另外一个人进入你的私人领地,对方一定会感觉你们之间的关系更进了一步。所以说,家里有多么干净,菜肴多么丰盛已经不再那么重要,只要你展现出招待客人的诚意就足够了。可能简单的下酒菜和两罐啤酒就可以让对方感动。如果看到这里你还从内心里抗拒这件事情,那么狭小的也许不是你的家,而是你的心了。

在我公司任职的小金是我十多年的老朋友。有一次,小金搬到了韩屋村,请全公司的员工去他家做客。因为我开的是关于整理的公司,我所有的员工们也对搬新家这样的事情特别感兴趣,一下班就全员出动。在与我们一起回家的路上,小金在福岩洞买了炸鸡,在北村手工水饺店订了餐,然后买了里考塔沙拉给我们当聚会晚餐。在他家里的气氛也非常好,吃过饭,学过调酒的小金给我们每个人都调了一杯酒，大家就进入了小酌微醺的时光。最后聚会结束时，小金还把因为搬家整理出来不用的东西挑选出来分给我们当礼品，总而言之，那天我们每个人都非常尽兴。但是对小金而言，一切准备都非常轻松，只是买个外卖、简单打扫而已。

之前我在丽水的贝塔尼亚集团上课时，有幸被邀请到副总家里做客，那次经历对我来说是非常特别的。因为从首尔到丽水非常远，集团的副总就邀请我去他开的一家民宿住一晚，但是因为抵达时间太晚，我总觉得这样会麻烦人家，所以我婉拒了他，随便找了一家旅馆投宿。隔天我第一个来到教室，碰到了这位副总，他对我说我是唯一一个自己在外面投宿的客人。因为离演讲开始还有一段时间，他请我去他家吃早饭。这是我第一次大早上就去别人家蹭饭，那顿饭非常丰盛，有很多蔬菜和新鲜的鱼类，朴实无华但给人一种温暖的感觉。其实我只需要一晚米饭和两道小菜就会很满足了。副总介绍说，这些都是自家种的纯天然的蔬菜，坚持让我品尝，他热情的样子给我留下了深刻的印象。用餐完毕后，一夜的舟车劳顿带来的疲惫感似乎都不见了。

为了表达谢意，我决定带着能力强的几位同行一起免费给他公司的职员上一次办公室整理课程。一个月后，我兑现诺言，我们一行人受到了副总的盛情款待，两天一夜的行程，每顿饭都是不一样的美食。从生鱼片、酱腌螃蟹到安康鱼，应有尽有。离开前的最后一顿饭，副总还亲自下厨为我们做了鸟蛤火锅。原来，之前有同事在饭店里不经意间问过"有没有鸟蛤火锅"，这位副总便默默地记在心里。结束课程回到首尔后,我们一行人都对贝塔尼亚集团很有好感,下定决心以后只要有机会就会尽心尽力提供帮助。所以说,最好的回馈永远不是多么昂贵的物质礼物,而是那份毫无保留的真诚付出。

我曾经饶有兴致地读过一本叫作《日本电产的故事》的书。其中讲到,日本电产的社长永守重信一有机会就会向员工家属致谢。他在公司成立纪念日,真诚地向员工的父母致谢,感谢他们每天都为自己员工做好早饭、每晚都为晚归的员工守门,让员工可以准时出门、准点上班;他也真诚地向员工妻子表达谢意,他认为多亏了员工的贤内助,日本电产的员工才能安安心心、全心全意地工作。据说永守重信也像我一样喜欢邀请别人到自己家里做客。每个星期日都会有员工受邀来到他家里,他一改往日在工作中严肃的形象,笑脸迎人,而且从不吝惜对别人的赞扬。每一次聚会他都会精心规划,无论是照顾到每个人口味的美味菜肴还是茶余饭后的有趣话题,都是他事先花时间和精力准备好的。

如果你也打算招待一下朋友,加深彼此之间的感情,不如就把地点定在你自己家吧。只要有诚意,我想对方一定会被你感动的。

想要招待的人员名单

- 想维持长久稳定关系的朋友。
- 想让他对你有进一步了解的人。

- 到你家做客可以感觉更自在的人。

吃什么、喝什么

- 可以在一小时内完成的菜肴。
- 附近餐厅口碑不错的外卖。
- 合对方口味或者你会调制的饮品。

一起做些什么

- 一起翻看相册或观赏你收藏的艺术品。
- 一起拼图或者玩一些有趣的桌游。
- 分享跟你的住所、物品有关的趣事,向他介绍。
- 一起听音乐。

14

有意义的小礼物

送礼的态度远比礼物本身更能体现送礼人的品格。

——约翰·卡斯帕·拉瓦特尔

不瞒大家说,我在做第一份工作的时候一共谈过 4 场办公室恋爱,对方都是身材好、颜值高的大美女,其中有一个整整比我小了 6 岁。身边的人难免会吐槽说:"你长得不帅,又没什么过人之处,真想不通这些美女都看上你什么了。"后来我仔细想了想,还别说,我确实做了很多大部分人都不会做的功课。我会注重很多人无法察觉到的小细节,时常送送小礼物。

虽然我也是个汉子,但是我心细。比如,在饰品店看到一个漂亮的发夹,我就会立刻买下来备用,抓住时机当小礼物送给别人:"我感觉这个发饰和你很配。"因为不是什么贵重的礼品,对方会很开心地收下。当然，你也可以选某个品牌新出的巧克力或者精致的书签，大约送过两三次以后，对方就会自然而然地开始期待下一次的礼物了。

小礼物的魔力：不在于价值高低，在于情感的传递

小礼物的好处是既不会让对方感到有负担，又可以充分体现你对他的关心与好感。最近我常常会送的是一些小零食，毕竟现在吃货很多，很少有人抵抗得住美食的诱惑。我会买一些味道不错、样子看起来又可爱的巧克力送给一天之内见到的人。当然，包装精巧的糖果和咖啡店卖的饼干也是不错的选择。

这样的小礼物都不会太贵，而且很容易买到。你只要好好花心思进行挑选就可以了。

- 零食甜品（巧克力、饼干、果汁、果脯、能量饮料等）
- 商品购物券（咖啡兑换券、冰激凌兑换券、便利商店商品券等）
- 生活用品（湿纸巾、书签、耳机等）
- 文具（笔、笔记本、计时器沙漏等）
- 书籍（你读完的书、二手书店淘来的书、当月的杂志等）

送礼物不在于价值高低，而在于一种好感的传递。另一方面，

送礼物本身就会给对方留下深刻印象。有一次，我在办公室楼下的星巴克赶工作进度，碰到一个人跟我打招呼，我礼貌地回应，在他自我介绍后我才知道对方是跟我同一楼层工作的讲师同行，他还送了我一盒马卡龙。那是我人生中第一次收到男人送的马卡龙，印象极为深刻。

我公司的允美也很擅长送礼物。再微不足道的小礼物经她的手都能送得十分得体。比如，情人节送我巧克力时，她会附上温暖的一句"记得下班回家后和老板娘一起分享"；如果是平时送饼干小礼盒，她也会写一句"祝你今天一切顺利"。

所以说，即使是微不足道的小礼物，只要你愿意花一些心思在上面，就可以让对方感受到满满的诚意。

如果恰巧你也是生意人，不妨送别人一些代表你公司的礼品，这样可以让你的客户加深对你的公司的印象。有一个单身的蔬果店老板就曾经收到过袜子作为礼物，袜子上面印着"即时、决心、使命必达"的公司标语。我公司里也有这样一箱袜子，是我的一个学长打算在公司成立纪念日送给客户的。

我选择了厨房用的小型计时器作为代表公司的礼品。作为整理顾问，我总觉得我的工作和这个礼品很匹配，因为计时器是管理时间的好工具。虽然计时器在网上很容易就能买到，但是这个小礼物承载了我的祝福，包含着特殊的意义。我也非常希望对方看到它时，就能想起那个开整理咨询公司的尹善铉。

把自家的产品当成礼物送给对方也是很好的选择，既表达了心意，也可以起到宣传的作用。因为常年在各地不同的公司做讲师，我也曾收到过很多小礼物。比如 ipad 皮套、iPhone 手机壳，UnitasBRAND、Skin Miso、生命之言等公司送的自家生产的实用产品。还有一次，我去 Incase 讲课，休息的时间跑去欣赏他们橱窗里的展示商品，恰巧遇到该公司的杨柱文社长，他非常大方地送了一个背包给我。收到的这些礼物我一般都会随身携带着，而且经常使用，如果有人问起，我就会做起形象代言人的工作。后来，收到的礼物多了，我担心自己会忘掉，就逐个拍照并新建了一个叫礼物的文件夹，还同步更新在网站上。

如果你收到那些非常好但是自己暂时用不到的礼物，也可以转送给身边有需要的朋友们。这种交换礼物的做法在我的公司已经成了一种传统，时不时就能看到员工们兴致勃勃地互相交换着多出来的笔记本和读完的书。我自己也常有这样的经验，朋友打电话告知我，本来买好了电影票但是没时间去了，转而送给我。这时我往往会感激地收下。一是因为以我朋友的品位，他挑选的电影肯定不错，二是因为朋友在那么多认识的人中选择将票送给我，说明我在他心里有一定的地位。

照片也是一种礼物，有着不可言说的意义。有时我会突然收到远方老朋友寄给我的老照片，照片的背面有这么一行字："看，当时我们好年轻啊。不知道发生了什么事情，大家能笑得那么开心！"顿时，我全身都觉得暖烘烘的。我个人就是非常喜欢照相的那一类。把时光定格成画面永远存储也是我认为最好的记录过去的方式。还有一次，我收到朋友发给我的照片，照片里没有人，只是陈列在书店里的书——那是我出版的第一本书。后来相继有朋友给我发来了他们认真给我的书划重点的照片，还有和书的合影，每一张都让我深受感动。

看到这里，你是不是也有些心动了呢？马上列出你的礼物清单吧。以下是一些参考。

- 到药妆店淘一些好而不贵的新奇小玩意儿。
- 到二手书店淘一些旧版文学小说。
- 到大型文具店买一些有趣的小文具。
- 网购实惠的人气单品。
- 杂货店也有很多不错的东西,物超所值。
- 在逛超市或逛街时看到新鲜小物立即入手。

送对的礼物

韩国 KBS 的一档叫《海绵》的益智类节目曾以二十多岁的女性为对象,调查她们最不想收到的圣诞节礼物是什么,以下是调查结果的前五名。

- Top1 纸鹤和纸乌龟
- Top2 不合适的衣服和鞋
- Top3 军牌项链
- Top4 充满乡土气息的情侣装
- Top5 十字绣或者亲手织的毛衣、围巾等

我想,凡是谈过恋爱的人对上面的结果都不会感到意外。如果你对送什么礼物还是没有自信,只要上网搜一搜,那些年度最烂礼

物、出国旅行最烂伴手礼等热门答案，轻轻松松就可以让你避过雷区。

那么各位都曾经收到过什么样的礼物呢？试着回想，把下面的表格填完整吧。

送礼人	烂/棒	礼物	为什么会这么觉得 当时收礼物时的心情如何
李经理	烂	家用冰激凌机	我想李经理对我的乳糖不耐症不知情，整个机身非常大，根本没有地方可以摆放。他应该是自己喜欢才送我这个礼物的。
韩小姐	烂	济州岛石爷公造型的巧克力	这是参加婚礼得到的小礼物，我觉得没有新意，加上我身体原因，吃不了加工食品。
金科长	棒	Staub的锅	这是让我非常惊喜的生日礼物，对乐于下厨房的我来说，这无疑是最棒的礼物。有了这么棒的锅，做饭时肯定更加享受。
黄社长	棒	书和卡片	在事业进行不顺利时收到的贴心礼物。黄社长送了我一本之前他在遇到同样困境的时候读的书。里面还有一张手写的卡片，满满的鼓励的话语让我深受感动。虽然书是旧的，礼品并不贵重，但其中的情谊却很深。

像上面的例子一样，写下属于你的版本。当你完成后再回头细想时就会发现，其实所有的烂礼物或者棒礼物都存在着共同点。比如，在收到烂礼物时，我们常常会有下面这样的感觉。

- 其实你一点都不关心我。
- 送我这样的礼物是在暗示我什么吗?
- 你只是送我你喜欢的东西,根本没考虑我的喜好吧。
- 原来我在你心里这么没地位。

送礼物时最容易犯的错误就是抱着"我喜欢,对方应该也会喜欢"的心态来挑选礼物。年度流行单品不一定是所谓的万能安全的选择,即使礼物本身不坏,也不一定是适合对方的,你总不能送一盒高级神户牛肉给一个素食主义者吧。

第二个常见的错误就是认为"一般人都会喜欢,那对方收到也会开心吧"。一家购物中心曾经做了一次关于"情人节女人最不想收到的礼物"的民意调查,答案竟然是花,这让很多人大跌眼镜,因为在他们的印象里,一般女人都是喜欢花的。现在,请你记住,这个世界上没有任何一个人愿意被当作一般人,大家都想做一个特别的人。

最后需要注意的就是,不要送奇葩的礼物。美国《赫芬顿邮报》也做过有关情人节最糟糕礼物的调查。奇葩礼物纷纷上榜,包括健身房会员卡、止汗剂等。送我止汗剂,难不成是说我有体味吗?竟然送我鼻毛剪,这是什么意思?是不是我哪次鼻毛外露被看到了?你以为你送这些礼物非常实用,但站在对方的角度可能不会感觉到你的良好用心,反而会觉得自尊心受挫。

那么,当一个人收到满意的礼物时,会有什么样的心情呢?

- 你怎么会知道我喜欢这个？
- 你好用心，真是太谢谢你了，这正是我需要的。
- 你真的很替我着想。

送礼的关键在于，这份礼物能不能传递你想给予对方的支持。举个例子，如果你送一套化妆品给平常都不会化妆又注重环保的朋友，对方接收到的信息就会是"素颜是不错，但你还是化妆比较好"。相反，如果你选择价格没有那么贵的、由可回收材料做成的创意小笔记本，就可以明确传达出"我真的很喜欢你不做作的性格，也很支持你做环保公益"。我想对方一定会深受感动。

回想一下近一年你送出的礼物吧。

日期	对象	礼物	礼物背后的含义（支持与否）
10月15日	李课长	学步玩具车	祝福他的孩子健康成长。（支持）
11月17日	弟弟	短篇小说集	送给他时，虽然我说了一句："知道你非常喜欢看书。"但其实，我想表达的是，不要只看漫画，偶尔也要看看真正有内涵的书。（不支持）

要想让对方从那份礼物中体会到你的支持，该怎么做呢？从细节开始抓起，留意对方的喜好以及近况。在我收到的礼物当中，让我印象最深的是在光州演讲时认识的金广华小姐送我的。那是一些自制草莓酱、汉方消化剂和精油喷雾，虽然都不是什么贵重的

礼物，但心意满满。她还细心地为我写了使用说明书，上面标注了详细的食用和使用方法。她完全是站在我的角度来挑选的礼物，真的让人很温暖。

如果你不是一个擅长挑礼物的人，可以试着从自己擅长的领域入手。本田直之在他的《杠杆人脉术》一书中表示，他就是一个不会挑礼物的人，所以逢年过节的时候干脆选择不送礼，他觉得与其送一份不得体的礼物，不如发一条真诚的短信或者直接约对方出来喝酒，这样更可以增进感情。我想说的是，每个人都有自己的黄金领域，假设你是一个对图书有研究的人，我想，选一本即使不爱看书的人也能接受的书对你来说应该是小菜一碟吧。

综艺节目《无限挑战》有一期要求每个主持人都要去买低于十万韩元的中秋节礼物。他们都很聪明，从自己最擅长的领域下手：一个人去 3C 店淘了一个黑胶唱片机；自小在梨泰院长大的一个人选择回到那里挑一些时尚的小物件；另一个被称为"食神"的人则去了自己常去的店，买了一碗美味的牛尾汤。只要在你擅长的领域里挑选礼物，就大大减少了奇葩礼物诞生的概率。那你的黄金领域又是什么呢？

- 书

- 音乐

- 美食

- 酒
- 化妆品
- 演唱会、电影
- 生活用品
- 汽车用品
- 家电

如果你想让对方经常想起你,不如就送他一个可以随身携带的礼物。当年我在谈恋爱时就送给我的女朋友一部手机,因为在同样的价格范围内,只有手机是几乎每天都会带在身上的。我的目的就是让她每次拿起手机就会想到我。有一次,我还带着我们公司的所有员工到 Frisbee 手机配件专卖店选他们自己喜欢的手机壳,由我买单。后来,每当他们的朋友问起的时候,他们都会很得意地回答"这是我们老板送的礼物"。

要是你真的非常害怕对方不喜欢你送的礼物,还有一个方法,就是直接问对方想要什么。来自哈佛大学的弗朗西斯卡·基诺和来自斯坦福大学的弗兰克·弗林都是有名的心理学家,他们曾对送礼这件事情进行过深入研究。

他们让受试者列出礼物清单,然后观察受试者在收到礼物清单上的礼物时的反应。送礼之人原本认为,对方收到意料之中的礼物不会十分开心,结果与之相反。收到礼物的人不光非常开心,还很感激对方。每个人心里其实早就有了一份想得到的礼物清单,记住这条定律可以让你在特殊时期大显身手，当你还在为乔迁礼物或是结婚礼物犯愁的时候，不如直接问问对方想要什么。

另外一个办法就是以量取胜，平常多送一些贴心的小礼物，就不会为重大节日该送什么礼物而感到有压力了。

2012年的时候，我到大邱的创意空间谈合作，虽然我和这家公司没有太多私人交情，但是他们的总经理每到过年过节都会按时寄一些韩果子当作礼物，所谓礼轻情意重，让我感动的正是他对我一直以来的关心和惦念。Yesco Home Servie的韩英俊课长一直记得我与我女儿的生日，每逢我们生日他都会寄给我们一份贴心的小礼物，前一阵子的情人节，还送了我一瓶葡萄酒，让我觉得非常暖心。他们真是又细心又体贴的人。

其实只要花点儿心思，送对的礼物一点都不困难。对于你在意的人就再多花一点儿心思，送礼时附上一张亲手写的卡片，让对方感受到你满满的诚意。

写下自己的人脉日记

写人脉日记就跟妈妈为初生的宝宝写育儿日记是一样的。

现在有很多管理类书籍都在推广这样一个概念，吴子平在他的《偷窥公关女王的人脉笔记》一书中对此进行了详细的介绍。他建议要尽可能详尽，包括外表、星座、血型、声音、特质、车子的型号等都要记录下来。对于生意上的人脉，如此详细的系统化管理的确是非常有帮助的。

但对于普通人来说，这样的工作实在是个大工程，毕竟连对自己的家人都不见得有这么深入的了解，而且即使你掌握了对方的星座或是就读的大学、就职的公司也并不能表示你们的关系有多好。

我向你推荐的方法是买一本你喜欢的日记本，认认真真为你和你重视的人写下属于你们的人脉笔记，不用在意内容，格式也不一定相同，用陈述的语气进行记录。比如，你今天都联络了谁，你们都一起做了哪些事情，在对方身上有没有新发现等。一个对象写一页，利用这样的方式你可以慢慢描绘出他们的轮廓，并对他们加深了解。

这本日记完全可以按照你喜欢的方式写，拼贴也好，涂鸦也罢，连画表格都是可行的。重要的是，用你喜欢的方式去写这本日记，这样才会帮你长久地坚持下来，让你养成良好的习惯。

如果你担心自己的记录会有漏洞，下面我为你列出四个重要项目，供你参考。

- 他喜欢的东西
- 约会的经过
- 他的追求
- 他的雷区

我初出茅庐的时候也是严格按照专家的建议写人脉日记的，详细记下对方的名字、生日、就读院校或就职公司。偶尔碰到好感度爆棚的人就多写几行，比如对方喜欢的食物或者颜色，还有对方被水母蜇到等有趣的事。但我发现，就算记下再多信息也不能保证我们有良好的交情。比如，我知道我们公司有位同事喜欢拿铁，第一次和他去咖啡馆时我为他点了一杯拿铁，他脸上露出惊喜的表情，但我接二连三地这样做，他的惊喜程度就降低了，最后认为这是理所当然的事情。还有一次，我跟其他同事因为工作上的事情起了争执，那时我所详细记录的血型、星座根本没有发挥一点作用。到底哪些信息才是真正有价值的呢？

后来，我在研究整理理论的时候找到了答案，写人脉日记最重要的两点便是对方喜欢什么和对方讨厌什么。想给对方留下一个好印象非常简单，多做一些他喜欢的事，少做他讨厌的事就好了。如果你想做一个人脉高手，除了要知道对方喜欢什么，也要知道对方为什么喜欢，知道了理由后才能在各种情况下轻松地举一反三。

我有一个朋友，他从来不吃猪血肠和猪头肉，一道菜里只要有这些东西，他连碰都不会碰一下。一开始我以为他不爱吃猪肉，所以每次跟他一起吃饭的时候，都会特意不去点含猪肉的菜，可是后来我又发现，他非常爱吃东坡肉，于是我就想：他是不是仅仅不喜欢吃猪的某些特殊部位呢？可结果还不是这样，原来他不吃猪血肠和猪头肉另有隐情。小时候他母亲为了维持生计，开了一家猪血肠店，每天他都会被猪血肠和猪头肉的味道熏醒，每次看到这些东西他都会想到那段拮据的时光。知道了原因后,我才恍然大悟,才了解了为什么他不喜欢在破旧的小餐馆里喝酒,为什么从不直视路边的乞丐,以及他为什么从不邀请我到他妈妈开的店里去。

他什么时候会微笑?什么时候又会突然变得不开心呢?记录情绪的转变对摸清对方的喜好有很大的帮助。对方"变脸"的时机和原因都应该成为人脉日记里重要的内容。

美惠是家里的老幺,她性格开朗,待人和善,无论到哪里都会成为焦点,但让人奇怪的是,她入不了主管的眼,经常挨主管训。每次碰到这样的情况,美惠都会安慰自己:主管是 AB 血型,这种人生来就难搞;主管是家里的独生女,所以才会跟我气场不合等。

主管心情好时,喜欢的东西	主管心情差时,讨厌的东西
• 突然提前了我交报告的时间,但情况确实不允许,跟主管坦白地反映,没想到她没有责怪我,还拍拍我的肩膀,对我说"辛苦了"。 • 在会上赞扬了我的提案,并让其他同事把我当成榜样。	• 她询问我午餐想吃什么的时候,我回答都可以,她变得很不开心。 • 生理期的时候,我很不舒服,在座位上趴着,一直出冷汗,主管看到后要求我早退,还说生病的人什么事情都做不了,我心情很沮丧,又不是我想这样的。 • 我注意到主管换了个发型,我夸赞说看起来像金妍儿一样,没想到她一句话也没说,只是盯着我,我好害怕……

这样的安慰只能缓解她当时的心情，在她的职场生涯里却起不到任何作用。在我的建议下，美惠把这位主管写到了她的人脉日记里，以下是我摘录的部分内容。

"我觉得你的主管是希望你变得更坦率一点。"

"好像真的是这样，对了，虽然她不好相处，但是跟总务处的李科长就非常合拍，而李科长就是个直肠子的人。"

后来美惠决心做出改变，在点菜的时候直接说出想吃的食物，开会的时候也勇于拿出自己的提案，然后看看情况会有什么变化。

"结果发生了一件让我意外的事情。会上发表提案，主管提出的活动名称模仿了一个广播节目，以前的话，我肯定不会多说话，这次我鼓起勇气开口说：'有点普通，没什么亮点啊！'结果主管愣了几秒后，竟然大笑起来。"

作家兼心理医生马克·戈斯登说过，建立人际关系的时候，只需把心思花在关系的三个要素上就可以如鱼得水了。

- 你知道对方是一个怎样的人吗？
- 你对对方的近况足够了解吗？
- 在你需要时，对方是否能给你实用的建议呢？

每天都想着这三个要素对你来说可能不太容易，这时每天写一篇人脉日记就能起到重要作用了。

除了记日记,在博客上记录或是手机里下一个日记 APP 都是可以的,我想告诉你们的是,靠写人脉日记来改善你的人际关系是完全可行且毫不夸张的做法。

名片整理

名片有三个意义:第一,宣传自己;第二,认识对方;第三,让你与对方保持联络。一张小小的名片背后,可能蕴藏着大大的机会,但许多人对整理名片还一无所知。下面我就一步一步来教大家整理的方法。

首先,你要认识到,你的名片就是你自己的宣传单,所以在名片的制作上一定要下足功夫。有些人的名片上有一堆密密麻麻的文字,有个老兄跟十个公司机构同时有关联,就在他的名片上把十个公司的名称都印了上去。看到这样的名片,人们都会觉得他太过高调,而且会对他的身份产生疑惑。

一张好的名片绝对不能给人一种杂乱无章的感觉,要让对方一眼就能看到名字、联系方式、公司、岗位和网址。

我也曾遇到过一个人,在我们聊天不到一个小时的时间里,他给了我三张不同的名片,虽然我知道他的事业做得非常大,但他这样的举动很难让我对他产生信赖感,到现在我都没有和他进行过合作。

对于从事销售一行的人来说，印有照片的名片也是一种很好的选择，即使你只跟对方见过一面，你的长相也不会被对方忘记，而且从统计数据来看，很少有人会丢掉带照片的名片，如果你实在觉得有太多想让对方了解的事情，根本无法用一两句话讲清楚，不妨在名片上多加一个二维码。

名片一定要随身携带，最让我无语的就是在生意场上名片不够发的那些人了，这会让人觉得你是一个连最基本的商务礼仪都不懂的人。除了随身携带名片盒，我还会在钱包里多放一张名片，这是我多年来的习惯。这一张名片一是用来防止名片不够发，二是训练自己在各种场合迅速找到头号人物的能力，在名片发完之后，身上这仅有的最后一张当然就要发挥最大作用了。

金羽燮总经理教过我："名片放在钱包里特别容易脏，我有空就会检查检查，顺便还可以整理一下钱包。"他告诉我，他经常把名片同时放在三个地方，西装口袋里、车里、公事包里，然后再在钱包里多放一张备用的，防止在重要场合没有名片发。

几年前，我在一个晚会上认识了一个人，在互换名片的时候，他刚好把名片发完了，这个人在第二天便把自己的电子版名片发到了我的邮箱，他这个细心的举动也一改我前一天对他的印象。

最近，电子名片的使用越来越普遍，也成了一个不错的替代品。我自己也有电子版的名片存储在手机里，必要的时候可以用上。千万不要因为没带名片而错失一个机会，想象一下，你在吃晚餐时,发现邻桌就是你敬仰已久的教授或某公司的老板,可你连一个用来搭讪的名片都没有,不可惜吗?要记住,机会永远属于做好准备的人。

接下来,我讲一讲收到的别人的名片要怎样整理。一般人的做法都是把名片塞到名片簿里。时间越长,名片簿越厚,再不进行整理的话,那些名片就和废纸没什么区别了。还有人会把名片收在各种各样的地方,放在抽屉里或夹在某本书里,想用的时候就死活找不到。

你没有好好整理名片的一个重要原因是,在你心中交换名片仅仅是一种社交习惯,对于如何对待收到的名片从没有细想过。如果现在你面前摆着一张你暗恋对象的名片,你还会像之前那样把它丢在一边吗?把对方视为你重要的人并相应地给予关注是整理名片的第一步。这样一来,名片就不仅仅是印着字的纸片了。

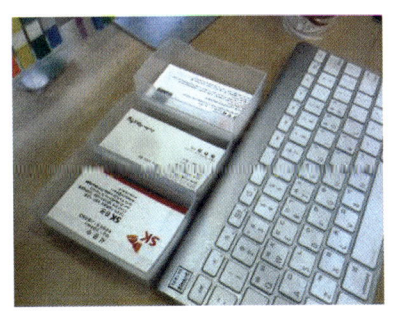

智能社交网金喜东代表的名片管理方法:最左侧是本周认识的人,中间是要拍下来保管的名片,右侧是VIP。

只要能做好分类,整理工作就算成功了一半,现在就动起手来,把你的名片分成私人名片和工作名片两大类吧。私人名片里包括你的朋友，老同学或因为信仰、兴趣等结缘的人；工作名片指的当然就是你在工作上接触到的人。

接下来，在此基础上进行二次分类，区分有用的和没用的两类。有用的名片里包括同行以及现在工作上会有往来的伙伴；没用的名片指的是曾经因为工作联络过一两次，但合作结束后就再也没有联络的人，你可能连对方现在在哪里工作都搞不清楚。不用多加考虑，直接把这些用不到的名片扔到垃圾桶吧。剩下的那些你觉得暂时不会联系，但说不定以后会有交集的人的名片，可以分类到一起。

做完以上分类后，接下来就要在手机里建立联系人群组，名片上的信息一项都不能缺，如果可以备注上第一次见面的地点、第一次用餐时的餐厅等就再好不过了。电子版名片输入完毕后，纸制版的名片要放在哪里呢？我用的 Rolodex 旋转式名片架就非常好，它的设计符合整理学的原理，存取方便，最多放 150 张名片。人类学家罗宾·邓巴的研究显示，人类的脑力是有限的，最多只能和 150 个人维持紧密关系，这就是著名的邓巴数。以军队来说，200 人组成的团队的战斗能力是最强的。

名片不只是放在名片架上的摆设，只要一有空，我就会认真查看我名片架上的名片，发现跟哪个人有一段时间没联络就会给对方打电话或发送信息以示问候。当名片多于 150 张之后，我就会认真考虑如何调换。对于这种旋转式名片架，耶鲁大学商学院前院长乔尔·波多利内也给出好评："这东西能时刻提醒你，你跟别人的联系,你是谁又做了些什么事。"有人说七年之痒不仅仅存在于夫妻之间,在职场上也很常见。我曾经一口气整理了好几百张名片,发现有 80% 以上的名片的主人都已经离开了原职,很多人只会与你擦肩而过,所以,我们应该要更加珍惜现在依旧会联络的人。

15

那些温暖人心的小动作

善良之人一生中最珍贵的地方,

是他小小的、不为外人道的、自己已然忘却的善举。

——威廉·华兹华斯

当你身边一个亲密的工作伙伴陷入麻烦之中,向你求救时,你能帮他想出解决方法吗?一分钟之内能想出五种方法的是高人,想出十种以上的就是超人了。但是现实生活中,大多数普通人遇到麻烦时,绞尽脑汁也想不出一个靠谱的计划。

"百位影响世界的人"的研究者马克·郭士顿博士提出,有三个办法可以给别人提供帮助。第一,洞察力。以开拓对方视野为切入点,给对方提供全新的视角和信息,帮他从不同的角度考虑问题。第二,情感支持。鼓励、支持对方,让对方抱有希望,并且自我肯定。第三,实际行动。提供有实际成效的建议和帮助,比方说，如果对方对理财感到头疼，就把自己认识的理财经理介绍给他，直接帮他解决问题。

很多人认为第三种方法是最务实、最有效的，但情感支持也有惊人的力量，有时它的重要性还会超过第三种方法。而且这种情感支持在生活中很常见，比如辛辛苦苦完成一天的工作，回到家看到家里的孩子或宠物向自己跑来时，疲劳感就会消除一半，这就是情感支持的作用。让一个人重新打起精神不需要多么高超的技巧，你需要付出的只是一点时间、一点心思和一些勇气。

小动作也有大效果

某个公益广告的宣传是这样的："帮忙拿一份报纸需要 6 秒，扶老人过马路需要 23 秒，给同事倒一杯咖啡需要 27 秒，帮忙按一下下车铃需要 4 秒。只要 60 秒，你就可以让世界变得更美好。"日行一善，从来不是多难的事情。

在搜索引擎上输入"旋风礼仪"四个字，就可以看到很多明星日行一善的新闻。像给别人倒一杯水、擦个眼镜、撑伞等，一个小小的举动，花不了多少时间，就可以让别人一整天都因你的小小善举而有一个好心情。可能是现代都市生活的节奏越来越快，很多人连这样小小的举动都来不及去做。

送礼物、连声赞美如果会让你觉得太过高调，那么每天为你身边的人做一些贴心的小事怎么样呢？从今天开始就去温暖你身边的每一个人吧。以对待办公室里的同事为例，你能做的事情也非常多。

- 开会前帮忙做准备工作，会议结束后帮忙整理。
- 给爱睡懒觉又恰好要出差的同事打个电话，提醒他不要错过班车。
- 看到因为快迟到从地铁一路狂奔到办公室的同事，帮忙倒一杯水或咖啡。
- 看到同事没什么精气神时，讲个笑话调节情绪。
- 带一些水果、甜点与同事分享。
- 帮忙拿快递或者传真，看完的杂志可以让其他同事传阅。
- 帮忙倒垃圾、浇花等。
- 帮助同事查找资料，情况允许的话提早完成同事拜托给你的事。

只要你想做，并且愿意花些心思，你就会发现其实你可以做很多。

电台主持人李美娜小姐，是我的第一个访谈对象，后来她也找我进行了几次一对一的商谈。她给我留下了深刻的印象：每次我离开的时候，她都会把我送到大楼门口。一般送客都是到办公室门口，再周到一点也就止步于电梯门口。像这样的远距离相送我还是头一回遇到。李美娜小姐教会了我怎么用不到5分钟时间让对方感到被尊重和爱戴。

每一个贴心的小举动都是传达关怀和善意的途径。生活中，如果你本来就是习惯为他人着想的人，那么对陌生人展现体贴温柔的一面也就相对容易许多。如果你生性腼腆，也请试着鼓起勇气，下一次参加讨论会或者研讨会时，不要再做独行侠了，不如事先准备好几罐咖啡，跟你邻座的人分享。我想对方一定会很高兴。

用肢体接触传达爱意和关心

电影里常常上演这样的一幕，主角们没有任何语言，单单靠着一些肢体接触来传达爱意和关心，所有观众都能从中看出两人的亲密关系。

有一个非常有意思的实验，研究人员安排受试者在辅导员的带领下进行讨论。其中一半受试者被要求与对方保持距离，另一半的人则被允许在 5 分钟之内触碰对方的手肘 2 次、肩膀 1 次。实验结束后，实验人员询问受试者对另一个人有什么印象，被允许进行肢体接触的那一半人表示，他们同组的人非常亲切又友好。

丹尼尔·韦格纳是哈佛大学的心理学家。他曾针对异性之间的好感度做过研究，为此他还做了个实验。他让互相不认识的男女组成牌局，一起打牌。实验开始前，他对每一个人都单独说明了游戏规则。有几组被要求用打暗号互相传递信息的方式来参与游戏。最后的实验结果表明，互相打暗号的男女对彼此的好感度评分都比较高。

现在的社会飞速进步，科技也越来越发达，但是每次当我在地

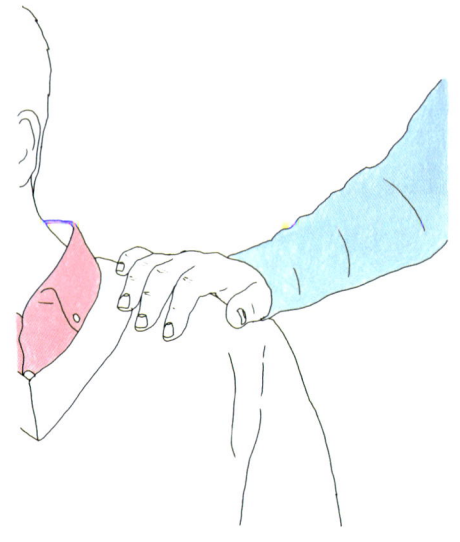

铁上、餐厅里看到那些各自刷着手机的人时，心中总不免有些感慨和担忧。我总觉得人与人之间的距离渐渐远了，除了亲人，我们好像很少会与别人发生肢体接触。其实，有时一个小小的肢体接触可以传达千言万语都无法表达的情绪。试着和你周围亲密的人进行一些肢体接触吧，当然有些人天生排斥肢体接触，千万别误踩雷区哦。

　　人类学家爱德华·哈尔对我们生活中最常见的四种距离给出了定义。"公共区域"：人与人之间保持着 3.6 米以上的距离。"社交区域"：人与人之间保持 1.2 米到 3.6 米的距离。"个人区域"：人与人之间保持 0.5 米到 1.2 米的距离。"亲密区域"：人与人之间的距离可以小于 0.5 米。

如果你想对一个人有深入的了解,就要靠近一个人。如果一个人已经在你的"亲密距离"内并且你和他都不会觉得尴尬,那就可以进一步进行一些肢体接触,以增进感情。平时你和你身边的人都保持着什么样的距离呢?如果现在的你有想要亲近的人,不如就从把你们之间的距离缩短到一米之内开始。简单点来说,下次吃饭的时候,试着搬一把椅子坐到他旁边吧。

接下来,要做的就是确认对方是否也有想与你亲近的意愿了。那么,这一判断的标准是什么呢?我觉得社会学家欧文·戈夫曼提出的"礼貌性疏忽"是一个不错的参考。如果对方从心里不愿意参与到与你的对话中时,他的目光会转移,还可能把包挡在你们之间、盯着手机或把心思集中在毫不相关的地方,这都是他在表达"我不想再和你继续谈论了"。这是所有人都会有的反应,即使是与你最为亲密的家人,有时也会有上述动作,那是他们在表达"不好意思,我现在想一个人待一会儿"。

举个例子,如果你的朋友正在专注地看足球比赛,这时你在旁边口若悬河,根本停不下来,他一定会死盯着电视,嘴上随便轻声敷衍几句。其实,这时的他是在响喽:"别吵我!"

如果你与对方的距离已经足够近,而且对方也很认真地与你对话,那么你就可以开始考虑来一点肢体接触了。(当然,我说的并不是带有性暗示的接触。)德国的前情报员莱奥·马丁在他的作品《德国情报员教你一生必备的沟通技巧》里就讲到过肢体接触的三个阶段。

第一阶段

- 掌握时机，轻触对方手背或手肘（前臂范围），尽量避免与他的目光接触。比如，你可以看着别人，轻触对方的手，说："你看那个男生。"

第二阶段

- 如果第一阶段顺利的话，你就可以有意无意地碰触对方的手心和手臂了。（你发现了吗？第二阶段并没有特意强调轻轻二字哦！）比如，你可以顺势抓起对方的手腕，说："快来这边。"

第三阶段

- 过了前两个阶段后，在第三阶段里就可以进行目光接触了。跟对方进行眼神交流，再自然而然地进行身体接触。千万要注意，要找准时机，不要让对方感觉唐突或尴尬。

我还记得小时候常常跟朋友拉钩。两个人面对面，伸出小拇指勾在一起，然后大拇指贴在一起，约定永远要守住承诺。长大之后，这种肢体接触好像有意识地被我们拒之门外。大家都忘记了亲密接触的魔力。下一回，跟老朋友制订一个只属于你们的打招呼方式怎么样？或者，和你的同事玩一次"你拍一，我拍一"的游戏也不错哦。

在肢体接触方面，女人似乎更有一套，就像是与生俱来的天赋一样。当然也不能一概而论。如果你恰好就是那种不太习惯在大街上与男朋友手牵手或者跟朋友勾肩搭背的类型，最好的方法就是坦白地告知对方。

我有一个叫秀美的客户。从小在国外长大的她,对于韩国人那套亲密的肢体接触总感到很奇怪。但是为了入乡随俗,她一直硬着头皮忍耐,什么也不说,她整个人都显得很不自然,别人误以为她很难亲近。听了我的建议后,秀美开始大方地坦白道:"我其实不太清楚怎么勾手臂,你教教我好吗?"大家都非常乐意示范,尽管秀美的动作还是很僵硬,但是大家再也不会觉得她难以亲近了,反而觉得她是个特别又可爱的女孩。

有时,小小的肢体接触可以升华两个人的关系。如果对方恰巧非常沮丧,一个拍肩膀的动作绝对胜过千言万语。如果你是一个嘴笨又很想拥有完美人际关系的人,好好练习肢体语言吧,这对你的帮助会非常大。

为对方制造一个小惊喜

有没有谁感动过你呢?我印象最深的是我 34 岁生日那天,我一早就来到办公室,看到桌子上有一张卡片,上面写着:"生日快乐,请找出藏在你办公室里的礼物!"我当时又兴奋又激动,因为我本来就是爱探险、喜欢猜谜的,一度还幻想投胎做詹姆斯·邦德。在找齐礼物后,全公司员工都在我的办公室合照留念。那一整天我都非常愉快,那份感动到如今我还记得。

我想大部分人与我一样,也曾经在生活中遇到一些大惊喜和小惊喜，像求婚或者惊喜生日派对等。那你曾经感动过别人吗？当然了，追星和追女朋友不算在内，过去的时间里你有没有花心思去打动另一个人呢？我想大多数人都没有这样的经历。每个人都喜欢惊喜，但是很少有人愿意花时间和精力去感动别人。大多数人脑子里想的都是"他不会说我什么坏话吧"，而不是"为他做些什么才会让他感动呢"。

前面提到过的蔬果店老板李英石，有一次跟朴容后一起喝酒，答应第二天给对方送个果篮。朴容后果真在第二天早上 8 点就收到了果篮，他却说："好吃是很好吃，可是没什么惊喜啊。送来跟我一样高的果篮，我才会惊讶。"第二天，李老板真的送了一个跟人一样高的果篮过去。从此，送果篮的习惯他一直保持着。只要是跟亲近的朋友吃完饭后，李英石第二天就会给对方送去果篮，即使是喝到半夜都不会忘记送果篮这件事。

我认为给一个人制造惊喜并不在于花多少钱，而是在于你愿意花多少心思和拿出多大诚意。

我们公司有一个人缘非常好的女孩叫允美。有一次，她与朋友聊天："你们两个真的蛮幸福的，认识那么多有趣的人。"他们转念一想，为什么不能介绍各自的朋友给彼此认识呢？于是他们举办了名为"30 岁"的主题派对，找了个环境不错的地方，邀请了许多人，还安排了很多有意思的游戏让他们的朋友互相认识、了解。据说这场派对里诞生了好几对情侣，大家的感情也都有所增进，每个人都非常尽兴。

素梅也是我们公司的员工，年过 30，已经有了家庭，但还保持

着和闺蜜写交换日记的习惯,因为毕业以后各奔前程,能见面的机会少之又少,所以她们用交换日记的方式来维持友情。这种方法的好处在于,在电话里觉得不好意思说出口的事情可以转化成文字形式传达给对方,彼此对对方的了解可以更深入。也正是因为这样,她们的友谊闯过十年大关。

我课上的学生李善珍每年都会邀请朋友参加她举办的惊喜圣诞派对,她会事先通过短信的方式来确认参加派对的人想要的礼物,然后私下指定圣诞老人和他送礼物的对象。

这样的方式就像"小天使与小主人"游戏,有趣的地方在于圣诞老人送的礼物可能是对方想要的,也可能不是对方想要的。在圣诞夜,一群朋友一起享受美食、举杯畅谈、拆礼物,最后以揭晓每个人的专属圣诞老人来完美落幕。

我还记得,有一个后辈给他父母准备的礼物非常特别。那时他第一次离开自己的家乡到首尔工作,领到第一份工资后,他每天都

会给他父母的账户里打一笔小钱,而且每次都会在备注栏里写一段想要对父母说的话,长达半年的时间。他每次都利用上下班搭公交的时间,一边想着在家乡的父母,一边用心写下"存折信"。他对我说,每当自己迷茫的时候,写存折信就能让他再次打起精神,仿佛父母一直在身边鼓励、陪伴着他一样。

迈阿密大学医学院教授蒂法尼·菲尔德曾带领自己的团队对表达善意与压力之间的关系进行研究。当一个母亲为婴儿按摩的时候,自己身上的皮质醇和肾上腺素的荷尔蒙值都要比婴儿低很多,由此就可以看出,付出的人往往比接受的人更容易感到幸福。也正因为如此,只要你付出过一次,给过别人一次感动,你所得到的成就感和涌上心头的喜悦就会让你上瘾。

那么怎样才能使一个普通的礼物或者一个小小的举动富有意义呢?如果你已经在考虑这样的事情,说明你没有输在起跑线上。

- 最近一段日子，你都送过什么礼物呢？有没有付出同样的金钱却能达到更好效果的方式呢？
- 送礼物有没有适合的时间和场合呢？比如，提前到办公室趁对方还没来悄悄把礼物放到对方桌子上。
- 寻常的午休时间是不是也可以制造惊喜呢？

缩短距离的谈话

跟朋友聊天的时候，你们只聊电视剧和八卦吗？你最近都与好友聊些什么话题呢？

多伦多大学的教授阿瑟·亚伦说，人与人之间缩短距离的最好方法就是聊天。其实我觉得单单聊天是不够的，把自己的心事分享给对方也很重要。一开始的时候，可能都是些鸡毛蒜皮的小事，等到距离变得足够近，时机慢慢变得成熟之后，不妨试着袒露一下心声。

亚伦教授的团队就做过这样一个实验，他们请来一群学生，将其分为两组，每组进行25分钟的对话。他们让其中一组谈论旅行和喜爱的电视节目；另一组谈论自己人生中最难过的时刻，比如亲人离世等，毫无隐藏地表达自己内心深处隐秘的心事。结果发现，第二组学生彼此之间的好感度远超第一组。两个星期之后，这些学生被请来参加聚会。在没有刻意安排的情况下，第二组学生大多选择坐在一起，其中出现了好几对情侣，最后有人甚至步入了婚姻殿堂。

花点时间记录你和朋友之间的聊天话题。还记得我前面提过的社会圈吧，如果你与最内圈朋友聊的话题跟第二圈没有什么差别的话，你就要适当做出改变了。和交往频繁的人、认识多年的老友聊天一定要够深入，这样才能让对方有机会进一步了解你并支持你，不要选择那些跟陌生人也能聊的话题。

约翰·鲍威尔在他的著作《为什么我不敢告诉你我是谁》中，把聊天按照亲密程度分为五个层次。

阶段	（层次）表现	例子
事实表现	(5) 形式表现	你好
	(4) 客观表现	我现在住在西桥洞
	(3) 主观表现	你新做的指甲颜色很漂亮，很适合你
关系表现	(2) 情感表现	跟你在一起让我很有安全感
	(1) 情感高潮表现	我感觉我不是一个好妈妈，我对不起我的孩子

第五个层次被称为形式表现，它是最为生疏的。主要发生在与第一次见面的人聊天的时候。比如，在咖啡馆结账时、商务会议的前十分钟等。对话内容简单明了，通常被作为拉近距离的第一步。这种对话通常是形式化的，你不会有所顾虑，更不会误伤到对方的

自尊心。当然了,这种形式表现也可以在你迫切地想结束一段对话或想跟对方保持一段距离时使用。

第四个层次是客观表现形式,对话内容基本都是对客观事实的陈述,一定程度上你所陈述的事实可能会勾起对方的好奇心。比如我去年去克罗埃西亚旅行了,就是一个能让对方追问的谈话主题。如果想让对方多谈一些关于他自己的事,不如把对方的黄金领域替换成客观陈述。

第三个层次叫作主观表现。在这个阶段,大家会发表个人意见,你要切记,地球不是围绕着你转的,你要点到为止,允许对方跟自己意见不同。如果一味强迫别人跟你的观点一致,我想你们的对话很难愉快地进行。发表个人意见是以拉近彼此距离为目的的,因为意见相左而争个你死我活是完全没有必要的事。如果对方说你新染的孔雀绿指甲油很美时,你严肃纠正他说这是提夫尼蓝,就会立马给对方一个你很难相处的印象。一般人对自己的意见被反驳这件事情都很敏感,所以不妨在平时多多训练自己,先找到对方话语中你赞同的部分,然后试着接受其他与你不同的意见,如果你能做到这一点,就会发现,与别人聊天是可以轻松又愉快的。

第二个层次是情感表现,就是在发表意见之余,加上自己的情绪,比如:"我的孩子生病了,我很担心他。""还有不到一个星期的准备时间,就要上台做报告了,我很紧张。""谢谢你送我礼物。"以上看起来很平凡的家常话,也有很多人没有好好将其说出来。明明心里在想:不到一个星期就要上台做报告了,紧张死了,话到嘴边却变成:"你知道我最近准备报告有多忙吗?熬了好几夜呢。"这种发牢骚形式的表达不会给人任何好感。

第一个层次是情感高潮表现,约翰·鲍约尔教授认为,只有在我们非常信任的人面前才会有情感高潮表现。你可以在对方面前赤裸裸地展现你内心的恐惧以及长久以来的渴望,在如此这般毫无顾忌地坦白之后,你还是会毫不动摇地深信对方会一如既往地支持你。就像鲍威尔教授所说,你在对话之中感受到了"彼此之间最完美的共鸣"。一般人在进行到第三个或第四个层次的时候就会停滞不前了,那么各位的状况又是什么样子的呢?下文当中还有更高层次的挑战在等待着你哟。

理查德·怀斯曼在《正能量》一书中曾建议人们向身边的人多问下面的问题,这样的提问会让彼此之间的好感度增加——这就是"爱之发问"的神奇功效。

下面是供大家参考的怀斯曼版本的问题清单,你也可以制作一份属于你自己的"爱之发问"清单,它会成为你今后与人沟通的助推剂。

> **怀斯曼的"爱之发问"清单**
> 坦诚相待(分享秘密):跟另一个人讨论以下问题
> 1. 有没有一件事你一直想做却没有做?为什么?

2. 如果你的家突然失火，而你只能带着一件东西逃生，你会选择什么？

3. 如果与 10 岁的自己相遇，你会给那个小家伙什么忠告？

4. 到目前为止，你人生中最让你骄傲的瞬间是什么时候？

5. 你上一次笑到流泪是什么时候？

了解彼此（相互探索）：轮流回答下面的问题

1. 你最想拥有哪一种超能力？

2. 如果可以你想跟谁一起共进晚餐？

3. 如果有时间机器你最想回到哪个时候？

4. 如果你有选择的权利，你会从事哪一种工作？

5. 如果中了彩票大奖你想做什么？

信息的互惠：用自己的长处为别人解决问题

最近"才艺捐献"越来越流行了。有一次，摄影师李载石在群聊里发了一条消息："想拍大头照的都来找我，只要花买一瓶葡萄酒的钱（一万五千韩元）就可以。"

看到这个消息后，我和朋友们都抢着报名，因为现在拍大头照怎么着都得十万韩元,这样的机会十分难得。有时,利用自己的专长给自己朋友一些福利是一个不错的增进感情的方法。

我经常去釜山出差,一开始人生地不熟,再加上我是个路痴,所以基本都是照着导航走,吃饭也是拿手机搜一搜附近的餐馆,尽管如此,还是碰了不少雷。之后在课堂上,我认识了在釜山经营民宿的杨华妮小姐。她是一个非常喜欢旅行的人,在这方面是个专家。之后每次我去釜山出差都不必为去哪里吃饭而头疼了。她推荐的餐厅味道都很好,环境也非常好。后来我发现杨华妮小姐的Twitter(推特)个人档案上还写着:来釜山玩的人,我给你们免费当导游!

我认为像华妮这样利用自己的长处来帮助朋友是一件让双方都感到快乐的事情。有一次,一个在活动上认识的朋友对我说:"之前在您的课上受益匪浅,今天是我第一次上台演讲,不知道您能不能给我一些建议呢?"我知道自己有很多不足的地方,但每每遇到这样的情况,我都会全力相助。后来,我跟那个人足足聊了一个多小时。

我从事这个行业,有很多可以帮助别人的机会。比如说,朋友要装修、亲戚要搬家都有我们可以助别人一臂之力的地方。我们公司的员工也会帮助独居老人,经过整理以及布置,可以帮他们腾出很多地方,整个屋子仿佛焕然一新。除了这样的力气活,花心思、用脑力也可以帮助别人解决问题。比如说企划案、营销案等,这些都是职场老手们花心思就能想出来的。

Yesco Home Service 的课长韩英俊就是一个非常热心的人。我在做关于清洁公司的市场调查时，他毫不犹豫地就把在业界价值不菲的资料拿来和我共享，为我省下了很多时间和金钱。我想，在职场上打拼过一段时间的人，手上一定会多多少少有一些能和别人共享的资料，比如下列各项。

- 如果你之前是做保险业务的，你可以给朋友提供最合适的投保方案。
- 理赔专员可以提供获得更公道的理赔的方法。
- 从事过房屋中介的人可以为有买房打算的朋友提供一些合理的建议。
- 如果你是家政达人，可以把你的生活小妙招分享给你的邻居。
- 如果你是一个家庭主妇，是资深的育儿专家，可以告诉准妈妈们很多相关知识。
- 在职场摸爬滚打的老员工，可以给职场新人一些工作上的建议。

如果你和你的朋友都愿意分享这些互惠的信息，大家都会少走很多弯路。隔行如隔山，术业有专攻，你的困惑对方也许可以轻松帮你解开，对于对方的困境也许你能给出完美的方案，何乐而不为呢？我有一个朋友为了变得受欢迎，特地对塔罗牌做了一番研究，跟朋友见面时他就秀一番，一下子就变成了朋友圈里的红人。当然了，学会善用自己的兴趣和专长，你也会变成人气王。

美国洛杉矶有一个叫毕思肯·蒋的投资人，只要知道哪里有讲座或者演讲活动，即使没有人邀请他，他也会拿着自己的相机帮人家拍照。之后他以要邮寄照片的理由找主办方或是宾客索要联系方式。他背着相机到处走，俨然一个摄影师，也会有人主动和他索要照片并主动送上联系方式。他用这一招为自己赢得了非常多的投资机会。

再讲一个关于本田直之的故事。据说，他非常喜欢葡萄酒，为了可以和朋友分享葡萄酒，他还特地去考了葡萄酒品鉴师执照，把向朋友推荐好的葡萄酒当作一件生活乐事。他的一位朋友很痴迷高尔夫球，经常去球场当别人的免费教练，每天想尽办法让高尔夫球变成更有趣的事情且乐在其中。

俗话说，独乐乐不如众乐乐，你有什么爱好或非常感兴趣的领域吗？不如跟大家分享一下吧。其实，每个人身上都有很多值得拿出来与别人分享的信息，比如一些名人名言，或者是发生在自己周围的有着特殊意义的事，当然还有很多很多。

- 向朋友一家介绍适合全家一起参加的庆典活动。
- 向对方介绍一本好书，或者一首好听的歌，或是一个有意思的网站。
- 推荐附近一家新开的美味的餐厅给朋友。
- 分享食谱和生活妙招。
- 分享跟对方工作有关的新闻。
- 分享实用又有创意的产品，还可以把使用心得和折扣最大的店面一起分享给对方。
- 一发现手机的特殊功能以及好玩的 APP 就推荐给朋友。

- 分享让你印象深刻的烂片和好片。
- 分享育儿经验。
- 分享只有你自己知道的独家消息。
- 与朋友分享自己的丑事。
- 把从各路朋友那里得到的圈内第一手资讯分享给需要的人。
- 分享自己的穷游经验。
- 如果你对电子产品非常了解,碰上你朋友要换电脑或手机时,充当免费导购。

16

社交网站的整理方法

> 网络让我们有机会体验人类历史上最强大的社会网络。
>
> ——巴尔迪斯·科莱

从 2003 年在韩国经理人中心工作开始，我就使用 Franklin Planner 记事本来进行整理工作了。一是为了腾出脑容量，二是想要回顾一下自己的过去。一口气整理自己累积 8 年的记事本是一个庞大的工程，那感觉就像坐着时光机在回忆里游历了一番。当我重新整理后，不仅仅感觉松了一口气，还多了一份感慨。

- 原来进入职场以来，我认识了这么多人。
- 现在真正保持着联系的人却少之又少。
- 工作的大部分内容都是在跟不同的人打交道。

- 虽然很想再次联络多年不见的老友,但是已经联系不上了。
- 认识到未来的日子也会不停地跟别人相遇、分离,所以下定决心珍惜眼前人。
- 自从有了社交网站,要了解朋友的近况变得比以前容易很多。

我一直相信,如果不是社交网站,我会跟更多的人失去联系。我一开始也是不喜欢使用社交网站的人,直到自立门户以后因为工作原因才开始使用。现在它对我来说已经变得非常重要,我每天至少花一个小时在社交网站上,它让我认识了许多新朋友,也保证了我和老友的联系。

社交网站所能连接的人脉

我在前面讲过人际关系整理的三个关键——何时、何地、和谁。我每年都会精心计划全家旅游。2012 年,我选择在香港、澳门与家人共度假期,而那次短暂旅行的特别之处就是,可以跟社交网站上从未见过面的朋友一起欢度时光。

有一天,我看到我很喜欢的金贤淑小姐在 Facebook 上更新了动态,就在底下发表了评论,没想到对方也回应了我,一来二去,我们就成了网友。渐渐熟悉后,我知道了她住在澳门。所以,当我们抵达澳门时,我第一时间想起的就是她。她也很乐意当我们的私人导游，向我们推荐了很多只有当地人才知道的私房餐厅和景点。我老婆也和她非常合得来，她们不仅交换了联系方式，而且到现在还一直保持着联系。那一趟旅行，多亏了金贤淑小姐，我们都非常愉快。多年过去，每次回想起来，我都会觉得非常美好。

社交网站的优势是短时间内就可以建立友情并迅速和对方拉近关系。美国加州大学的林顿·弗里曼教授做过一个关于电子通信对于人际关系影响的实验。他想知道这些受试者用多长时间可以跨越亲密关系的四个等级（第四等级是最亲密的等级）。实验人员把受试者分成两组：第一组在不使用任何通信手段的情况下，七个月都无法突破第一等级，而被允许使用通信工具的第二组，在相同的时间内普遍都达到了第三等级，而且没有人在第一等级止步不前。对于那些天生腼腆的人，社交网络无疑是一个很好的结交朋友、展现真实自我的平台。

《陌生贵人：路人甲的力量》这本书中也有对相关内容的讲解。一些彼此陌生的学生被邀请来做一个实验，他们被分成两组，每一组都有 25 分钟时间认识与了解彼此。其中一组是面对面沟通，而另外一组是隔着屏幕在网络上聊天。结果显示，后者对彼此的了解都更加深刻，而且对彼此的好感度也要高一些。那些平常没什么自信的学生隔着屏幕也都很好地展现了自己，也健谈了很多。

我们每个人估计都有过类似的经验，本来不怎么熟悉的人在网络上可以大聊特聊起来，感情会迅速升温。所以说，社交网站一旦被好好利用，就可以变成促进人际关系的法宝。

提高社交网站的价值

约了许久未见或者是素未谋面的朋友吃饭,很多人都会担心见面时会冷场。别担心,就像我前面讲的一样,持续通过网络了解对方的近况,我保证你们会有聊不完的话题。其实,每天关注对方在线更新的近况,就像是了解了对方每天的生活一样。

利用搭车的时间了解对方的近况是我多年来养成的习惯。如果已经在线上看到过对方家人的照片,现实生活中见到对方的小孩就可以一眼认出来。从某种程度上来说,社交网络打破了人与人之间空间的限制。

内向的人一般都不太会在别人面前表达自我,也正是因为这样常常给对方捉摸不透的感觉。然而在网络世界里,他们往往都能完成"变脸",更自在地谈论自己和与自己有关的一切,平常封闭的内心世界届时将向他人敞开大门。也许只有在社交网络上,你才会对他们改观,发出"哇,原来他这么有魅力啊"的感叹。

我自己的社交网站有近五千个好友。在这个社交网站上,我把自己当作品牌一样介绍给大家,告诉大家自己的喜好以及关于整理工作的新发现。时不时我还会上传一段整理工作的实况转播或者我女儿和我一起打扫的视频。结果,只要一提到"整理"二字,大家第一个想到的一定就是我——尹善铉。

我当初开始接触社交网络的目的非常单纯,就是想把"整理顾问"这个行业介绍给大家，毕竟那个时候，很少有人知道有这么一个工作。我记得，当时很多人说我的公司肯定不到三年就得倒闭，结果现在它还在不断发展壮大，很大程度上我要感谢社交网络的宣传作用，让世界每一个角落的人都能知道，有一个叫尹善铉的人在做着一份关于整理的工作。

其实，我碰到过很多人，他们觉得上社交网站纯属是浪费时间。他们认为，只有那些无所事事的人才会整天泡在网上。但他们不曾了解社交网络对于经济效益的巨大影响。我公司的起步也得益于它。如果不是身处互联网时代，也许到现在都没有人知道"整理"的概念，我也没机会认识那么多志同道合的人，我的公司也许还没开起来就倒闭了，我也许就不会有机会写这本书了。

如果你依然对社交网络有很大的戒备心，不如先从使用常用的社交软件开始入手，这样个人信息不会被公开，而且里面都是你亲近的家人和朋友。每天自己花 10 分钟在上面，也不用担心上瘾或浪费时间。

如果你还是不喜欢社交网站

韩国一家通信公司曾对 1037 名社交网站的用户做过一份民意调查。结果显示，大家认为社交网站带来弊端和浪费时间的主要原因是内容没有营养（88%）和缺乏隐私性（85%，原因可以复选）。

在觉得社交网络缺乏隐私性的人群里面,又有51%的人担心自己的私生活暴露在陌生人面前。

使用封闭式社交网站是解决上述问题的好办法。它的优势是只有受到邀请的人才有权限浏览,所以完全不必担心自己的隐私被陌生人窥探。第二个好办法就是,把群组利用起来进行管理。Facebook就有设定权限的功能。比方说,你可以选择让同伴看不到你的私人照片。

当然,你还可以利用不同的社交网站做公私区分。拿我自己来举例,Kakao Story上都是认识并见过面的朋友,在这里我经常发一些家人的照片和旅行照片等;Facebook上一般都是发关于工作上的事情。现在有很多人同时拥有两个Facebook账号,一个和工作有关,另一个则作为私人用途。

如果你担心同时经营好几个社交网站太耗费精力和时间,那就要对你的朋友名单严格把控了。前面提到过邓巴数,没必要用好友的数量多来体现你人缘有多好。要时刻谨记,你这辈子顶多只能和150个人保持亲密关系。Facebook上还有一种屏蔽对方消息的功能,这样对方发动态时你就不会看到,但对方并不会知道你屏蔽了他。对于朋友发布的动态,你不用每一条都回复,你可以选择你感兴趣的评论,剩下的点赞就可以了。经营社交网络的目的是从其中受益,如果违背了这一点,那就得不偿失了。

接着来说一说另外一个会让人们不喜欢社交网络的原因——内容没有营养。我有一个叫珠玉的客户,今年30多岁,是一个学校的行政人员。她工作勤勤恳恳，没有毛病可挑，平常只是私下用通信工具和朋友聊天，虽然也有一个 Facebook 账号，却一次都没有上过。我问她原因，她这样回答："我感觉我的生活挺无趣的，每天学校和家两点一线，不是工作就是带小孩，没什么可以分享的事情和照片。"

我想珠玉小姐的问题也是很多人的通病。很多人觉得自己的生活一成不变，没什么可以分享的地方。其实可以炫耀的不一定只有高级餐厅的晚餐和不停歇的旅行。用心发现那些日常的小确幸说不定更能引起大家的共鸣，不是吗？利用社交网站传播那些平凡生活里的正能量，无论是对于你来说，还是对于别人来说，都是一粒让人愉快的维生素 C。

如果你不喜欢群组聊天

有一次，一位同事提议要聚餐，还说有人上次没能参加很遗憾，于是他把这些人都拉到一个群组，商议再共度欢乐时光。那个群里的成员有 30 多个。有些是 12 年前离职的同事，也有一个月前刚换工作的同事，还有几个我不认识的人。

我清楚地记得，有很多人被加进来没多久就退出了，我当时就认为这是一种很没有礼貌的行为。加上后来的经历，我深深地觉得应该有群组聊天时每个人都必须遵守的规则。

比如说，在利用群组聊天来宣布某件事情的时候，应当注意措辞，避免让某个人觉得唐突或无礼。公告用语要尽量正式，不能发广告，也不能发链接，不是所有人都乐意看到这样的内容。

在拉一个人进群之前，正确的做法应该是，先私信询问对方是否愿意加入。如果对方回答可以，也要提前与他做好沟通，告诉他群组里应该遵守的规则，以免后期爆发口水战。此外，大多数人都会关掉聊天室的新消息提示音，当你有急事发问时，最好提前写上期望收到答复的最后期限。

在聊天群组内聊天，偏离主题、自说自话是不可行的，与另外一个人私聊也是禁忌。如果真的想与某个成员单独说话，那直接在个人对话框中私聊就好了。

如果在网络上聊天交流时，大家也能保持在面对面交谈时遵守的礼节的话，就能避免很多不愉快的事情发生了。

：人际关系检测：

人际关系手册和宣言

现在你已经读完了整本书,是时候开始着手制订适合你的计划,然后持之以恒地去实施并使之变成你的习惯了。每个人个性不一,建立人际关系的方式当然也不尽相同。我见过的每一位这方面的专家都有不同的一套独门秘籍。制订计划时一定要始终如一地抱有"没有最好,只有合适"的态度。

通过这本书,你都受到了什么启发呢?利用下面的表格为自己做个小测试,看看你的想法都发生了哪些改变吧。

请在你认同的选项前面打对号。

旧的想法与计划	新的想法与计划
人际关系只在有所求和所需的时候才有其意义。	经营人际关系就是经营幸福。
缘分无法控制。	只要愿意花心思并努力,就一定可以争取更好的人际关系。
我都忙得没时间睡觉了,怎么有时间整理人际关系?	活在当下,把握时机,从下一刻出现在身边的人开始,理好关系。
上班时只要做好分内工作就可以了。	职场上不只有工作。
即使被朋友背叛,还是会顾及多年情谊,一次次选择原谅。	学会人际关系的断与舍,和那些让你不愉快的人说再见。
有约必应。	只赴想赴的约,只见想见的人。

(续表)

旧的想法与计划	新的想法与计划
认为赴约前没必要特意做准备。	学会赴约前做些准备,增进彼此感情。
通信录永远只看数量不看质量。	定期对通信录进行整理,学会果断删除。
内心希望所有人都喜欢我。	坦然接受有人不喜欢我这件事情。
不会拒绝。	勇敢说"不"是对自己的善举,也是对周围人的礼数。
会习惯性地附和或讨好对方。	真正的朋友会欣赏我的直率。
对结交新朋友毫无头绪。	开始尝试着约别的部门的同事或者朋友的朋友一起出来吃顿饭。
平时下了班就回家,基本上没有和自己走得近的朋友。	我明确地知道想与谁产生交集,以及想与谁保持联络。
碰到无礼的人,尽管内心翻江倒海,表面上还是忍气吞声。	提前想好妙招,对付无礼之人。
根本不可能成为人际关系达人。	我有一套为自己量身定做的人际关系建立法则。

认真勾选表格,就可以看出你在读这本书之前和之后对人际关系整理的看法的变化有多大。希望你大部分的对号都是打在第二栏。如果你已经有了一些其他的见解,也没关系,这是一件好事,说明你已经在建立一套你自己的法则了。

下面是我收集的一些人际关系说明书。它们的形式和风格不尽相同，你可以作为参考，然后再创造一个属于你自己的版本。

尹善铉的人际关系说明书

1. 言出必行：人际关系里最为重要的就是遵守承诺。我从不会答应对方自己办不到的事情，如果答应也必定全心全力去做。我会尽量避免跟朋友因为金钱发生冲突。
2. 成效：与生意上的伙伴建立关系时要设定明确的目标，就算是一般朋友也是一样。要知道，单纯的酒肉朋友很难维持长久的友谊，所以我要寻找那些真正有可能互利互助和长久发展的朋友。
3. 礼仪：每个人都想获得尊敬和关爱。不要一味地只看目标，也要学会设身处地为别人着想。如果不小心迟到，一定要及时道歉；对比自己年龄小很多的同事也要以礼相待。珍惜每一次交流的机会，不传递垃圾信息。
4. 远离：对见了3次以上都无法产生好感的人会自然而然地敬而远之。对那些没有礼貌、不懂尊重别人、从不倾听、从不道歉的人果断说再见。
5. 方法：不把"有空出来吃顿饭"这样敷衍的话挂在嘴边。不用酒局来交朋友。制造更多工作应酬以外的约会机会，提升亲密值。
6. 努力经营：亲密的朋友，不一定就是时常围绕在你身边的人。即使换了工作、成了家也可以跟原来的同事或朋友保持联络，维持良好的关系。不再以随缘的态度来面对自己的人际关系。

成允美的人际关系说明书

1. 每个人都有不同的个性和喜好。我自认为做得还不错的地方，在别人眼中可能微不足道，但我还是会发掘自己的长处并适时在朋友面前展现。

2. 对于自己的缺点，我不会选择逃避，而是正视它并努力改正，做更好的自己一直是我的人生目标。对于别人提出的建议，我会虚心接受。
3. 我非常知足，认识这么多很棒的朋友，我感到很开心，而且我并不介意有人不喜欢我。
4. 我喜欢有上进心的人，他们往往都自带正能量。如果对方有值得我学习的地方，我会多多向对方学习；如果没有，我也不会对对方冷脸相待，还是会给予对方起码的关心。
5. 对于老朋友，依旧会对对方的近况和心情感兴趣，会经常联络。
6. 站在不同的角度为朋友提建议，有帮得上忙的地方会全力以赴。从不吝惜自己的赞美，当然，如果看到不太对的地方，也会坦诚地指出，不会视而不见。
7. 提出任何建议都以不损害周围人的利益为原则。一直坚信人际关系建立在互利的基础之上。

文成龙的人际关系说明书

1. 我要成为可以对朋友有所帮助的人。
2. 我要做一个值得让朋友信任的人。
3. 我不要成为朋友的累赘。
4. 我要做一个可以辨别好友与损友的人。
5. 我的朋友里没有最好，只有唯一。

朴正熙的人际关系说明书

1. 你做的决定和想做的事情我都会支持，但是这并不代表单方面付出。
2. 作为你的朋友，我会用自己的支持来表达对你的关心，但当我发现你身上的问题时，我还是会指出来，请你不要介意。

3. 我们有时会吵架,也会一度觉得自己根本不知道对方的真实想法。如果遇到这种情况,请你记得,我不一味地附和你,是想让你从不同的角度看问题,是一种爱的表现。

4. 当我觉得无法理解你某个做法或者决定的时候,我可能需要一段时间好好想一想,然后找到一个支持你的理由。我之所以坚持这么做,是因为你是我珍惜的朋友。

5. 虽然我不会像其他人一样讨好你,或者一直称赞你、附和你,但请你相信,我对你所说、所做的一切都是发自内心的。

6. 我会在你面前毫无顾忌地展现最真实的自己,并不会因为你不喜欢我身上的某一点就进行伪装。

7. 如果我能提供帮助,我会全力以赴,但是我会以量力而行为前提。不夸口做出承诺,让你无端失望。

8. 隐藏自己的情绪对我来说很容易,但唯有在你面前我不想那么做。我会在你面前哭泣、欢笑,卸下所有的伪装。

9. 我非常愿意再多了解你一点。你喜欢的音乐、喜欢看的书、喜欢吃的东西等我统统都想知道,你是我珍视的朋友。

10. 我相信今天的我已经不再是昨日的我。虽然偶尔会原地踏步或者重蹈覆辙,但我有信心让每天出现在你面前的我都变得比之前更出色、更美好。在我心里,这是我能给你的最好回报。

: 附录 1 :

社交达人默默下功夫的 100 件事

每天只要按照下面所列的完成一项任务，100 天后，你也可以成为人际关系专家。你可以依序或是依照自己的喜好一一去完成，要连续 100 天不间断，或是每隔几天就完成一项也可以。重要的是，彻底完成这 100 项任务，一项也不要漏掉。把执行的结果和心得分享到社群网站，或是上传到整理力社团的网站（cafe.naver.com/2010ceo）。你甚至可以找个同伴儿一起执行这 100 项任务，你们可以互相加油、打气。

- □ **人际关系整理宣言**：你是因为什么开始整理人际关系的？写下你的决心、简单的执行计划以及完成后要给自己什么奖励。
- □ **定义人际关系**：人际关系对你来说有什么意义？请给自己想要建立的人际关系下个定义。
- □ **寻找榜样**：是不是有谁的人际关系让你羡慕？你欣赏哪位名人或电影里的哪个角色？请将你想模仿他的地方写下来。
- □ **删除电话号码**：删除三个不会再联络的人的电话号码，在删除的同时请默默祝福他们。
- □ **建立"我的最爱"分类**：把最重要、最喜欢的朋友设定成"我的最爱"那一类，不没完没了地加一堆联系人，把数量控制在自己能应付的范围内。
- □ **找出"我的最爱"里朋友的共同点**：看看他们有什么相似之处，由此归纳出自己喜欢的朋友的特质。
- □ **赴约前准备好问朋友的三个问题**：准备好三个问题，最好是朋友感兴趣、能让他打开话匣子的问题。
- □ **找出对方的三个优点**：即使不得不跟与自己不是那么情投意合的人见面，你也可以试着找出对方的三个优点，借此转移自己的注意力。

- ☐ **找出自己的五个秘密**：想想自己不想公开的五个秘密，事先想好如何转移话题。
- ☐ **找出可以招待朋友的三个地方**：不一定是非常热门的餐馆，舒适、装修雅致的咖啡馆也是不错的选择。这样的地方请找出三个作为备选。
- ☐ **开发三个新的聚会场所**：朋友聚会的地方不要一成不变，不要总是去餐厅、咖啡店，找找新的聚会场所吧。去美术馆，听音乐会，或跟朋友来个足底按摩也是不错的选择。新的活动容易让人留下深刻的记忆。
- ☐ **写出自己的五种魅力或五个长处**：朋友和你见面的理由是什么？请写下你吸引朋友的地方。
- ☐ **拍下聚会时有趣的照片**：聚会时提议一起拍些照片，把照片转发给大家。对于平时很少有机会聚在一起的人来说，这些照片可以留下珍贵的回忆。
- ☐ **联系很久没见的朋友**：发一个信息给曾经和你很要好、后来无故疏远的朋友表达关心，说不定他也很想再和你联络呢。
- ☐ **扔掉没用的名片**：整理收到的名片，扔掉那些与自己不会有交集、已经联络不上、不确定主人身在何处的名片。
- ☐ **整理名片**：最好把名片放到旋转式名片架上，或是装进巧克力盒子也行。重要的名片一定要放在显眼的位置，方便随时查看。
- ☐ **成为聚会的总管**：平时朋友问你去吃什么，你是不是总是回答"随便"，今天就试着主动提出聚餐的地点。A说不能吃生鱼片，B说最近正在吃中药……这样想的话，就可以进一步了解别人了。
- ☐ **准备自我介绍**：准备一段有趣的自我介绍，以备不时之需。
- ☐ **提前想好三件尴尬的趣事**：准备三个出糗的故事和别人分享，这样会让你更加平易近人。
- ☐ **买两个小东西**：据说代课老师中介公司的闵敬焕买书的时候一定会买两本，一本书自己读，一本书送给熟人。今天如果要购物，不妨也购买两个试试。

- ☐ **准备一些小礼物**：Alstrow 公司的金宇燮经常会送给身边的朋友一些小礼物。准备三个价格不高的小礼物，有机会就拿出来送人。
- ☐ **申请社群网站**：如果你因为有所顾虑，到现在还没使用社群网站，请选一个申请账号，好的开始是成功的一半。
- ☐ **更新社群网站**：上传关于你的新信息，或发表一篇能让人产生好感的文章。如果选择一般人很少使用的题材，效果一定会更好。
- ☐ **在社群网站增加三个朋友**：看到自己喜欢的作家、想认识的人，请勇敢发出加好友的申请。想增大成功率，可以一并发出自我简介。对方同意加你为好友后，别忘了和对方说声谢谢。
- ☐ **写出你不想结交的人的三个特质**：比如经常迟到、总是借钱等。
- ☐ **写一封简短的信**：每个月的月初可以用电子邮件问候朋友，可以分享上个月发生的有趣的事或者其他一些值得提及的事情。
- ☐ **招待你重视的朋友到家里做客**：邀请你重视的朋友到家中做客，在附近买些现成的食物开个小型派对。这样除了能让你注意家居环境，还可以拉近你跟朋友的距离。
- ☐ **对社群网站上的联系人进行整理**：删掉不认识、超过三个月没有更新动态、总是传递负能量的人，把你的精力留给其他人。
- ☐ **删除多余的社群网站的账号、聊天群**：对那些不常用的社群网站账号或不需要处理的聊天群组进行删除，退出群聊时记得道个别，这样你将能重新出发。
- ☐ **打探好友的生日**：了解好友的生日、家人的纪念日等，记录在日历上。如果你很难直接询问，可以向你的另一个朋友打听。
- ☐ **完善联系人的信息**：请选择一个重要的人，尽可能完善联系人的信息。从照片、生日到社交网站的地址一个都不能少。这是对该联系人进一步加深了解的机会。
- ☐ **帮朋友牵线搭桥**：列出你身边的单身男/女的名单，即便只是跟他们打过招呼也包括在内。如果你感觉其中有一对可能很合适，请立刻试着帮他们牵线搭桥。
- ☐ **表达赞赏和感谢**：对今天遇到的人表达赞赏和感谢，一定要有诚意，要说出具体的理由，不能只是说一些客套话。

- **发一条有诚意的短消息**：如果今天有人发消息给你，请比平时多花一分钟想想，朋友真正想表达的是什么？他现在是需要建议还是需要鼓励？认真思考完之后再回消息。
- **准备额外的名片**：在钱包、背包、外套口袋、车上放一张名片，以备不时之需。不用怀疑，一定会有用到的时候。
- **联系欠你钱的朋友**：虽然在朋友之间，谈钱会伤感情，但从今天开始，鼓起勇气给欠你钱的朋友发一条信息，先问候一下，也可以直接提出让对方按月还钱，每个月收回一点儿也是不错的。
- **举行告别仪式**：对于不想再见面的朋友私下可以举办个告别仪式，可以把他送你的东西清理掉或是在社交网站上将其屏蔽，以自己的方式结束这段友情。
- **制订三个人际关系的原则**：考虑一下在人际关系中对你来说什么最重要，如果让你白纸黑字写成规则，会是什么样的呢？
- **列表写出过去一年来你想感谢人**：想想哪些人曾经帮助过、鼓励过你，你有没有为他们做过些什么。
- **列表写出过去一年来你想致歉的人**：列表写出自己心存愧疚的人，你要怎么做才能获得心灵上的平静？
- **列出最棒和最烂的礼物清单**：在你收到的礼物当中，最棒和最烂的礼物分别是什么？以后自己送礼物的时候，一定要吸取经验教训。
- **练习拒绝别人**：从今天开始，试着拒绝别人一次，一开始或许会很难，但几次之后你就会习惯了。拒绝无理的要求对双方来说都有好处。
- **赴约前先看看朋友的社交网站**：如果你今天和朋友有约，赴约前先看看朋友的社交网站，这样你们在一起聊天会更有话题。
- **请在两天之内问候新认识的朋友**：在两天之内打个电话、发个消息、写封电子邮件或者通过社交网站跟新认识的朋友联络，表示你认识他们很高兴。这样做了之后，相信你们很快就会有下一次联络。
- **出外勤时买些小点心回办公室**：上班时如果外出，回办公室途中可以买点儿小点心带回办公室与同事分享。

- □ **每天抽出 15 分钟和家人聊天**：晚上睡觉前，抽出 15 分钟和自己的另一半、老爸老妈还有孩子分享一下今天的生活。
- □ **查看一下最近联络了哪些朋友**：看看最近一百天之内，你都给哪些人打过电话或者发过信息。你最常联络的是谁，又跟谁最生疏？
- □ **记住朋友的孩子的名字**：挑出你最要好的朋友，把他们孩子的名字记下来。跟他们打电话的时候可以讲到小朋友的名字，不要仅仅说："你女儿最近还好吧？"
- □ **建立电子名片**：可以利用制作电子名片的网站，或者直接用手机把名片拍下来，以应付名片用完的情况。
- □ **愉快地和别人打招呼**：和今天遇到的人大声、愉快地打声招呼，用简单的问候传达你的感恩。
- □ **建立群聊组**：邀请一些亲密的、和自己有共同兴趣爱好的人进入群聊组。发出邀请之前，请先征求对方的意见。
- □ **加入网络社团**：寻找自己感兴趣的网络社团加入，比如骑行俱乐部、烹饪俱乐部等。
- □ **向死党说出一个秘密**：和别人分享自己的秘密可以提升人际关系的亲密度，不一定是多么大的秘密，只要这个秘密没什么人知道就可以。
- □ **在留有回忆的地方见面**：约上三五个好友在曾经去过的地方聚会，事先准备一些可以勾起大家回忆的物品或者食品，如果有照片就更好了。
- □ **一天联络三个朋友**：上午、中午、下午分别联络一位朋友，你会觉得主动联络朋友一点儿都不难。
- □ **分享有用的信息**：提供一条朋友会感兴趣的信息，比如，对方家附近的美食餐厅、与对方的工作相关的行业动向、对方喜欢的新书等。
- □ **想三个可以快速融入团体的方法**：跟朋友见面时为什么会感到不自在？试着想出三个方法，让自己快速融入团体，比如穿上最喜欢的衣服、更改见面时间等，小小举动也许会有意想不到的效果。
- □ **给自己留有私人时间**：如果你对人际关系感到有些力不从心，不妨为自己留有足够的独处时间。亲近大自然，平静地度过一天也许就能让你再次充满活力。

- ☐ **找出三年后想认识的人**：你有没有很想认识却因为身份、地位没有采取行动的人？三年后，等你升到了一定的职位，你最想认识谁？
- ☐ **为三年后的相遇做准备**：为了三年后可能要认识的那个人，你觉得自己在哪方面需要加强，需要改变？
- ☐ **试着找出你讨厌的人身上的优点**：选出你讨厌的人，试着从他们身上找出三个优点。虽然你很讨厌他们，但别人并不一定讨厌他们，他们身上有可能有你还没有发现的魅力。
- ☐ **写出良好的人际关系所带来的好处**：如果你和身边的人维持良好的人际关系，你会得到哪些好处？你的生活会有哪些改变？
- ☐ **寻找自己的支持者**：如果你有一些困扰，甚至感觉自己快要招架不住了，你会想找哪个朋友作为你的后盾？在你征求对方的意见时，谁最了解你，最可能给你提出一些好的建议？
- ☐ **安排一次旅行**：和好友一起旅行、约几个同事一同出国、和老同学一起去郊外走走都是不错的选择。
- ☐ **花点儿时间在朋友身上**：约翰·麦斯威尔说过："你认识一个新朋友，花 30 秒的时间在他身上，试着赞同他所说的话，并且与他产生共鸣，你就会发现，你们之间会发生正向的化学反应。"你不妨今天就把他所说的话付诸行动。
- ☐ **在社交网站上留言**：花 15 分钟的时间给朋友点赞或者写评论，只要你展现出对对方的关心，对方一定感觉很温暖。
- ☐ **亲手写一张卡片**：如果有朋友过生日或者同事晋升，亲手写一张卡片对他们表示祝贺，在网络发达的今天，亲手写的卡片更能打动对方。
- ☐ **筹划不一样的聚会**：筹划一场特殊主题的聚会，比如"草莓随便吃"聚会、"品鸡尾酒"聚会、"炸鸡＋烧酒＋足球赛"聚会等，你可以依照季节、热门趋势来进行筹划，再邀请有兴趣的朋友前来参加。
- ☐ **写出你的人际关系座右铭**：尝试着用一句话来说明你人际关系的准则，你可以引经据典，也可以自己创作。
- ☐ **列出让你心动的朋友名单**：你最希望跟谁见面？跟哪个朋友见面的

前一晚你会非常兴奋，难以入眠？试着找出他们身上的特质，是什么吸引了你？

- [ ] **寻找让你心动的人**：考虑一下能让你心动的人可能会出现在什么地方。
- [ ] **准备一个人际关系日记本**：给自己准备一个日记本，用来记录每天都跟谁见了面，发生了什么有趣的事情等，用手机 APP 记录或者手写都可以。
- [ ] **写一篇人际关系日记**：选择一个亲密的朋友，试着写一篇日记，用来记录你对他的想法和感受，越详细越好。
- [ ] **拟出一份告别式邀请名单**：假如你不幸去世了，你想邀请哪些朋友参加你的告别仪式？人数并不是越多越好。
- [ ] **给别人取绰号**：给你喜欢的一个朋友起一个有正面意义的绰号，并用这个绰号称呼对方，这样可以拉近你们之间的距离。
- [ ] **实话实说**：写出五个你以前努力隐藏的、不想让别人知道的缺点。也许，这些缺点在朋友眼中就是优点。
- [ ] **写下你期许的三件事**：写下你期望别人做到的三件事，比如说，如果你的部下、爱人或者孩子能够做到这些事，你就觉得这辈子没有遗憾了，明确写下这样的三件事之后，你就不会对别人抱有过高的期望了。
- [ ] **写下与朋友见面最好的时机**：在周几、哪个时间段、什么情况下你和朋友相处得最融洽，精神状态也最好？
- [ ] **列出"不要接"名单**：把不想接听的手机联系人的名称改为"不要接"。
- [ ] **按照功能将联系人分类**：当你生病时，你的孩子需要有人照顾时，想喝酒时……你会想到哪些朋友？列出你遇到状况时可以给你提供帮助的朋友的名单。
- [ ] **与人际关系方面的榜样见面**：你身边如果有人的人际关系让你觉得羡慕，不妨把他约出来一起吃饭，请他对于人际关系的经营给出建议。
- [ ] **练习肢体接触**：如果今天遇到同性的朋友，请试着跟他来点儿肢体接触，比如，用手碰触他的手臂，或者顺手搭一下对方的肩膀。

☐ **建立新的经营人际关系的习惯**：和朋友见完面的三天之内要和对方进行联络，每天花 15 分钟的时间在社交网站上给朋友点赞或者写评论等，建立三个新的经营人脉的习惯，立即开始付诸行动。

☐ **备份联系人名单**：给手机里的联系人进行备份，可以利用联系人同步更新功能，以防手机突然坏掉。

☐ **拜访住在远处的朋友**：如果有朋友住得比较远，而你们每次约会都约在你们的住处或是办公地点的中间地带，那么下次不妨直接约在他家附近，专门跑一趟，可以表现出你对对方的重视。

☐ **列出自己的老朋友名单**：列出和你有十年以上交情的朋友名单，看看你能不能发现他们有什么共同之处。

☐ **找出你挑选礼物时最有信心的那一类**：想想你自己最善于挑选哪方面的礼物，是香水、书籍还是文具？找出你擅长的那一类，然后进一步研究，成为挑选这类礼物的专家，以后要给朋友送礼物就不用发愁了。

☐ **联系旧朋友**：你在翻阅旧相册或者社交网站的旧文章时，如果想起了很久没有联系的朋友，请主动联系他们。社交网站的朋友搜索功能很强大，你应该不难找到对方的联系方式。

☐ **设定手机群组名单**：给自己的联系人设定群组，这对以后要联络特定群组或是查看自己经常联络哪些群组会很有帮助。

☐ **安装管理联系人的 APP**：安装评分较高的管理联系人的 APP，可以先用用看。

☐ **想好三个你感兴趣的话题**：提前想好三个你感兴趣的话题，当别人开始聊八卦或者其他你不感兴趣的事情时，你可以把话题巧妙地转移到这上面。

☐ **两个人的特别约会**：约你要好的朋友一起去听场演唱会、音乐会或者参观展览，享受两个人的时光。

☐ **记下重要的日子**：查看你的 VIP 名单，回想你跟他们第一次见面时的情形、你们一起完成的某件大事等，把这些值得纪念的日子标注到日历上面。时间一到，就送上问候，他们一定会非常感动。

- **列出适合作为话头的问题**：列出所有人都能轻易回答的三个问题，在跟朋友聊天冷场、气氛尴尬时，或是跟初次见面的朋友无话可说时，都可以拿出来救场。
- **安排年终聚会**：和朋友一起筹办一场有趣的年终聚会，安排一些会令大家印象深刻的活动，比如，颁布朋友中的年度十大新闻，计划一起旅行，举行歌唱比赛等。试着把你的聚会规划写下来。
- **建立礼物相册**：把收到的礼物拍照上传到社交网站的相册里。这样可以提醒自己，有机会的时候一定要回礼。
- **列出想靠人际关系找到的工作**：列出你梦寐以求的三种工作，将来如果在研讨会或者聚会上发现可以帮到你的关键人物，一定要抓住机会和对方搭上线。

：附录2：

职场人际关系问与答

有能力建立人际关系,并不意味着可以积累超强的人脉。只有重视与你不同领域的人际关系,才有可能积累好人脉,这样的人脉才会对你有实质性的帮助,这是优质人脉的唯一定义。

在众多的人际关系中,相信很多人最关注的是职场人际关系这一项,下面我列举了一些常见的问题与回答。

问:要如何结识律师呢?

答:对于想要结识从事特定职业或专业领域人士的读者来说,这本书有什么帮助呢?下面是一个"如何结识律师朋友"的实际案例。

大众对律师这个职业并不陌生,在电视里经常会出现,你可能会认为律师从事的工作太专业了,他们平常的活动范围应该和普通人不一样,实际上,要跟律师交上朋友的方法有很多。

第一,经由认识的人介绍,问三十个家人、朋友和同事:"你有做律师的朋友吗?"就像六度人脉理论所指出的那样,即便是想认识全国唯一的一位总统,只要通过六层人际关系就可以与他取得联系。全国的律师人数肯定要比总统多很多,这样看来,大概只需通过三层人际关系就可以结识律师。

第二,通过社交网站进行搜索,在脸书和推特上输入"律师",进行搜索,虽然无法立即和对方成为好友,但你可以从关注他的动态开始。给他点个赞,接着留言,循序渐进,逐渐接近对方。

第三,到自己住所附近的法律事务所去进行咨询,在向律师咨询的时候,可以通过问对方问题打探他关心的议题,从中找到能让关系进一步发展的机会。

第四,让律师主动来找你。要让律师主动来找你,最快的方法,可能就是打官司了，哪里有机会做生意，律师就会主动往哪里递上名片。这当然不是最好的方法，那有没有其他更好的方案呢？就我来说，我可能会开设一堂"律师一定要学的人际关系整理课"，并把相关的信息在博客或社交网站上发布，供人们搜索，只要你了解了对方的需求，而且能够满足他，对方就会主动找上门来。

第五，积极参加律师的社交聚会。这样的俱乐部，其成员大部分都是国内公司的老板或是专业领域的精英，在这样的聚会上，一定有认识律师的机会。

第六，去律师参加活动的现场等人。比如示威游行的现场，可能就会有律师的身影，遇到他们时别忘了跟他们交换名片。

第七，通过宗教聚会。如果你也信教，可以让牧师给你引荐他认识的律师。

在制订结识律师的行动方案时，建议你考虑好下面五件事。

1. 需要律师的原因——目的
2. 律师能帮忙的地方——目标
3. 要从律师身上得到的东西——成果
4. 你能给律师什么回报——福利
5. 当你拥有什么，律师就会主动找上门来——客户

我曾经请教律师朋友高允基先生如何才能结交律师朋友，他说："实际上，拓展人脉也是律师的重要工作，只有这样，才能有足够的客户，我们有时候也会去参加一些课程培训，在网上和别人交流，也会约人见面，拉近彼此的关系，跟其他人没什么区别。"

他的回答让我意识到，律师和其他生意人是一样的，他们也需要拓展人脉，挖掘潜在的客户。如果你想要结交律师或其他领域的专业人士，一定要记住，他们或许也正好在找你，你们之间只是缺少一座桥梁。

问：如何才能拓展职场人脉？

答：我访问过不少人际关系达人，他们其实有一个共同的特点，他们想

认识谁,就一定会直接登门去拜访。

- 在过去一年中你是否请别人为你引荐过朋友?
- 你后来认识对方了吗?
- 你想结识的人拒你于千里之外,你心情如何?
- 你认为对方不肯见你的原因是什么?

在谈到经营公司所面临的最大难题时,Smart Social 公司的金喜东总经理回答说"把自己和公司介绍给更多人认识"。我也是一家公司的老板,非常赞成他的观点。

我把职场人脉分成下面五种。

1. 想见就可以见到的人
2. 能找到方法见到的人
3. 努力一点就能见到的人
4. 不太肯见我的人
5. 无论如何不会见我的人

有勇气主动接触对方并进行自我介绍的人,通常可以做到"努力一点就能见到",但是如果遇到"不太肯见我的人"时,恐怕你连自我介绍的机会都没有。尽管都是职场人脉,但通过其他人引荐与自己主动接触有很大的不同,金喜东总经理认为,经过别人牵线搭桥比较容易成功,因此,他总是在寻找能够为他扩展人脉的人。

韩国经理人中心每年都会给 Franklin Planner 的员工发放红利。对于 B2B 销售业绩做出贡献的人,公司会按照销售额的比例进行分红。我是 2006 年的业绩冠军,总金额超过 3 亿韩元,我也因此得到了一大笔奖金。

现在回想起来,那真的是一场及时雨,如果当时没有这些钱,我可能连婚都结不成了。当时有很多人向我讨教业绩夺冠的秘密,实际上,我做的事情并不难,只有四个步骤。

1. 列出朋友之中可能会购买的人
2. 用电子邮件发送产品的资料

3. 要是有人有意愿购买，一定要亲自登门拜访
4. 把产品展示给感兴趣的人，并送给他们一些样品

认识朋友也没什么不同，先列出自己想要认识哪些人。然后，再找出可以从中引荐或能提供帮助的朋友，这样就能水到渠成。

职场人际关系是一架准确的天平，能够用来衡量自我价值。随着你社会地位的提高，你所接触到的人当然也会有所不同。相反，如果你的社会地位过低，就算你想方设法跟你想见的人搭上线，维系这段关系也非常困难。

在筹备这本书的过程中，我有幸见到很多"不太肯见我的人"，他们很多都是大公司的老板。因为我们的层级相差太多，我明白自己无法把他们纳入我的人脉圈，在访问完这些大人物之后，我只有一个强烈的想法，我一定要成为更优秀的人。

事业刚起步时，各种聚会我都会参加，也会有热心的朋友帮我推荐客户。可是我很清楚，好的人脉一定要用心去打造，或是想方设法让对方主动找上门来。当时我深刻体会到，除了忠于职守，把自己分内的事做好，还应该精益求精，让自己变得更加优秀，这样朋友才能很自豪地去介绍你。

开拓职场人脉最好尽可能亲力亲为，并把自己的工作做到尽善尽美，让自己成为别人想结交的人。如果能够做到这两点，你的人脉肯定差不了。

问：应酬让人很痛苦，该怎么办呢？

答：有一次，我的表弟对我说，他们部门要聚餐，那天他刚好得出差。他正在庆幸自己逃讨聚餐时，经理突然宣布："由于韩评长今天得出差，所以聚餐推迟到明天举行。"表弟说："我还真不知道自己在公司里那么重要……"说完，他苦笑了几声。"你不是挺喜欢喝酒的吗？"我问道。"那也得看跟谁一起啊，用什么办法可以推掉这样的聚餐呢？"表弟问。

表弟认为，聚餐也是工作的一部分，尽管公司举行聚餐的目的是增进员工之间的感情，但是硬性要求员工必须参加，经常会引起员工的反感，可能还会产生相反的效果。韩国饮食业者 Rich Food 曾经针对 240 名 20 岁到 30 岁的年轻人进行问卷调查，调查的主题是"讨厌公司聚餐的原因"，结果有

51.7%的人选择"不得不喝酒",也就是说,小酌一下无妨,但要被迫喝到不省人事就另当别论了。

有很多委婉拒绝聚餐的方法:你可以以健康问题作为挡箭牌,表明自己正在服用中药或抗生素,要是喝酒会产生副作用;或者让交情好的上司帮忙,先得到他的谅解,拿到不用喝酒的尚方宝剑。如果必须要参加聚餐,那就先尽情跟同事一起享受美食,之后再尽量取得谅解,提前离席,避开接下来的喝酒时间。

网络上提供了各种各样推掉部门聚餐的方法,不过,既然知道不能逃避聚餐,那就给它赋予新的意义。如果总是想着"被逼迫""要赶紧脱身",聚餐时你就会如坐针毡;如果把它视为"我所希望的""能帮上我的大忙的",你就能欣然接受它了。

以人脉广著称的金宇燮总经理对我说过:"每次聚餐都由我来负责,我来烤肉,烤到手上的毛儿都被烤光了。"说完,他还撸起袖子向我展示。他一直都说,自己能够有今天,都是沾了聚餐的光。

若是没有了应酬,想一想你会因此失去什么。你想不想把聚餐当作跟某个人拉近距离的机会?如果每次聚餐你都能在大家酒酣之际,跟一个同事混熟,那么你在公司里就会多一个朋友。请不要过于排斥部门聚餐,试着找出它的优点,让聚餐成为有助于你的事情。如果不喜欢聚餐地点或是不喜欢喝酒,那就去设计其他方案,下次聚餐时你可以主动提议去别的地方。

问:如何才能远离公司的流言蜚语?

答:不少人都问过我这样的问题:"公司里有各种八卦消息,遇到了该怎么应对呢?"下面是我给大家提出的几个建议。

第一,提醒对方,消息来源并不一定可靠,很多八卦都与事实不符,你可以告诉他"我们还是得直接去问当事人","这个消息还不能确定吧,听听就行了"。

第二,反问对方:"他真的这么说,不会吧?你是怎么知道的?"抛出这些问题并不会让谈话中断,表面上你很想知道更多的消息,但是给人一种中立的印象，而不是别人说什么，你就信什么。

第三，给八卦的主角背书。"但是他上次很热心地和我换班，我觉得他还是很不错的。"面对这样的回答，对方就聊不下去了，这样你就成功地终止了谈论八卦。

第四，拿出你的同理心来对待八卦。对说话者试着展现同理心，但不要对八卦本身添油加醋，这样一来，就不会影响到你跟八卦主角的关系。你可以这样说："如果换成我，可能也会这样认为"，"你当时肯定很生气吧"。这样谈话的焦点就转到了说话者身上。

面对八卦，转移话题是最好的方法，借故离开现场也是不错的选择。在背后说别人闲话肯定不利于你的人际关系。刚进公司的新人，职位较低的工薪族，如果不得不和人聊八卦，最好使用上面提到的方法帮自己脱身。

:结语:

人际关系从整理做起

"我女儿生平第一次开始整理房间了,真的非常感谢你。"在发现女儿自己打扫房间后,一位大学教授专门打电话向我表示感谢。

这位教授的女儿从来不会打扫房间,他一直为此苦恼。直到女儿读了《改变人生的15分钟超级整理术》一书之后,才下定决心做出改变。教授本身也写了很多著作,但看到女儿的转变,他才更深刻地认识到书籍的力量。

向我致谢的读者的确非常多,我所列举的只是众多例子中的一个。有一位先生,他的太太起初并不喜欢做家务,任他怎么絮叨都没用。有一天,这位先生在出门上班时把我的一本书放到了沙发上。他回到家竟然看见太太正在扫地、拖地。还有一个年轻人,从军队退伍后前途未卜,他读完我的书,下定决心要投身于整理顾问行业，还报名参加了我的整理课程。

也有不少人着手整理他们塞了一堆信用卡、连自己都不知道里面装了什么东西的钱夹，读者从身边最重要的物品开始整理时的心情，我是能够体会的。

我一直觉得，整理是一件对自己和他人都有利的事，能提升人生的快乐指数。读者们对我的感谢是支持我的力量，我更加确定，从事整理咨询是很正确的选择，我抱着相同的心情写作我的第二本书，希望所有的读者都能从中汲取力量，勇于做出改变。

2010年，我投身整理顾问行业，一开始很多人都不了解我的工作内容。随着《改变人生的15分钟超级整理术》的出版，我的知名度逐渐变大，陆续接到电视台、私人企业、公共机关、各个学校的演讲邀请。人们对于整理顾问需求的暴增，让我感到十分惊喜。

若是为整理下个定义，我会说整理是一个系统性工具，能够帮助人们改变旧有的习惯，提高生产力，减少人们的压力，减少浪费，让人们达成目标。人际关系就像物品一样，如果对其置之不理，就会变成压力的来源，还会导致时间、金钱与精力的浪费，因此一定要借助系统工具与习惯来做出改变。

我在进行咨询的过程中，感受到很多人对整理还有一种恐慌，因为他们不知道自己喜不喜欢整理所带来的结果，同时还要应付做出改变的各种麻烦。对此我只能点到为止，我想说，人生有两种，整理前是一种，整理后是另一种。此外，要想消除恐慌，不能靠空想,而要靠实际行动。

本书所介绍的哪种人际关系经营习惯会让你觉得困难,望而却步?我相信,这些小习惯里蕴含着巨大改变的种子,通过辛勤的灌溉能产生意想不到的结果,减少人生中的遗憾。世界上再伟大的事,也是由微小的行动与坚持成就的。

无论你是男是女、是老是少,也无论你从事什么行业,这本书所介绍的人际关系整理方法都能够轻松上手,而且保证会对你产生实质的帮助,这些全部来自我从事这一行的实战经验。

有一个客户在找我进行咨询后,他的人生发生了变化。他说:"我在推掉一些毫无意义的聚会后,才深切地感受到减法所带来的平静,真不知道自己以前在忙些什么,不知不觉中浪费了太多的时间。经过人际关系整理之后,我才发现自己一点儿也不留恋那些人。此外,如果你对别人抱有过高的期待,你就是在自寻烦恼。假如你想帮助一个人,要纯粹是因为自己想帮他,而不要希望对方一定得感恩。"

经过整理后,你不会再因为人际关系而产生压力,不会无端浪费时间、金钱、感情与能量。更好的是,当你遇到困难时,会有可以给你提供帮助的人;建立了一段关系后,你会懂得如何去维系。说白了,人际关系就是和别人一起创造幸福,整理本身就代表着一种能量,可以推动你的生活不断向前。

我非常感谢各位读者能够与我一起重视人际关系的整理,祝你们拥有更幸福的人生。

仅凭我一个人是无法完成这本书的，从着手准备到完稿，如果没有朴姬贞经理的帮助，这本书一定会难产。朴姬贞是我在Very Good咨询公司亲自面试的第一个员工，是韩国整理咨询业的二号人物（没错，我排第一）。Wisdomhouse（智慧屋）出版社的朴智秀课长亲力亲为，让我看到了什么是信任。他一直在鼓励我，耐心等待本书顺利付梓成册。谢谢受访的专家、前来找我进行一对一咨询的访客、人际关系研讨会的学员、整理力社团的网友、通过"人脉整理门诊室"而认识的人，等等，你们的亲身经历让这本书的诞生成为可能，而这本书正是"每个人都不是孤岛"的有力证明。

我要感谢我的家人，是你们永远支持我，经常鼓励我。谢谢Very Good咨询公司的所有员工，谢谢你们愿意相信我，跟着我一起打拼。还有陪伴Very Good咨询公司一起成长的客户，在我事业遇到困难时伸出援手的朋友，鼓励我、支持我的网友，我衷心地感谢你们。

最后，我要感谢我的妻子金小英和女儿尹淑贞，谢谢你们包容我，让我投身工作而晚归时没有后顾之忧，你们还把家里整理得井井有条，我把这本书献给你们。